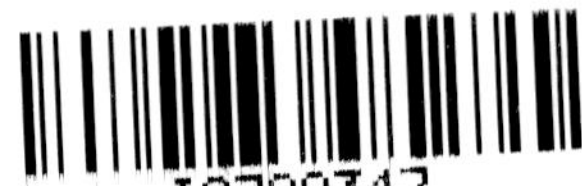

I0788347

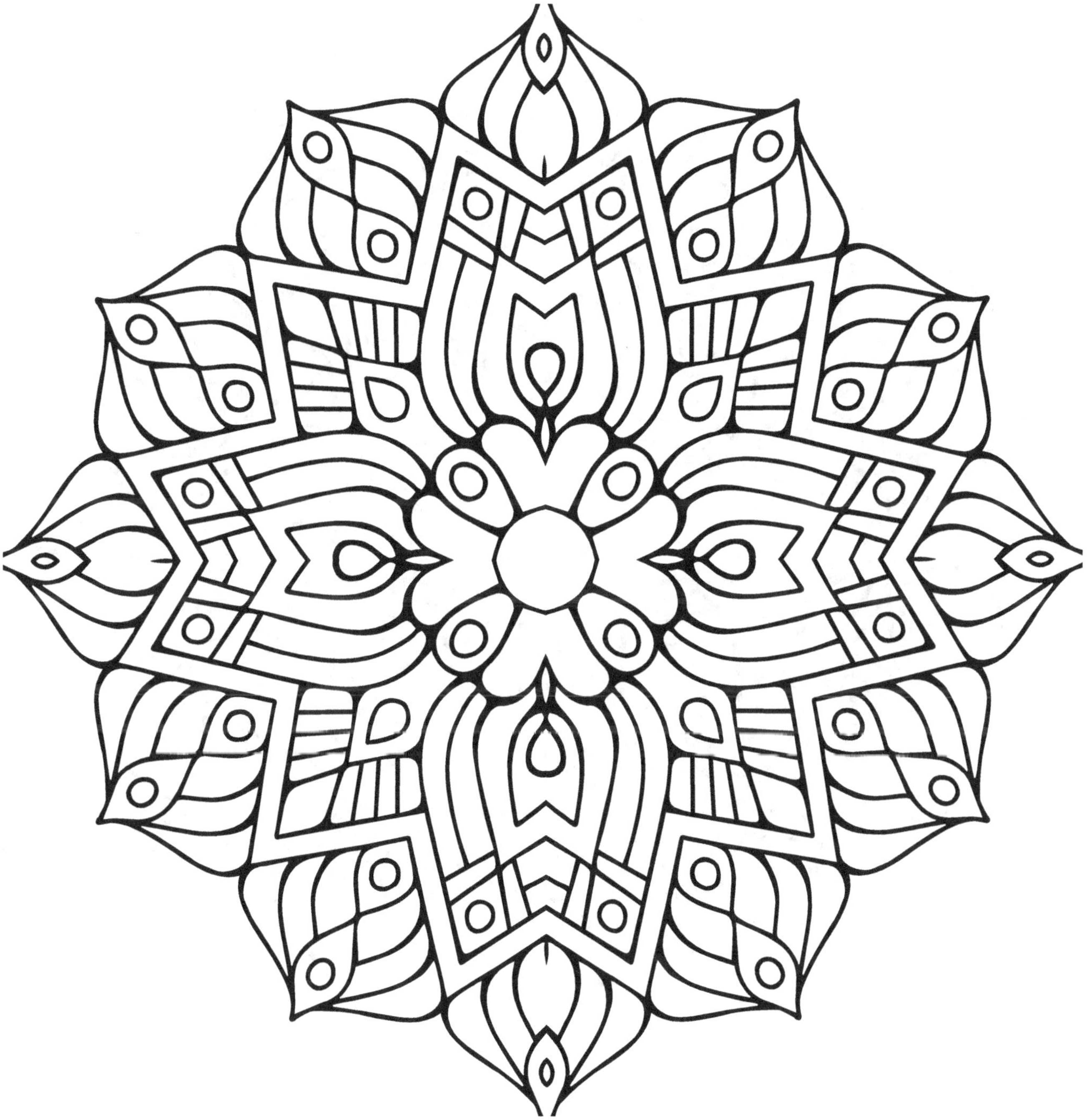

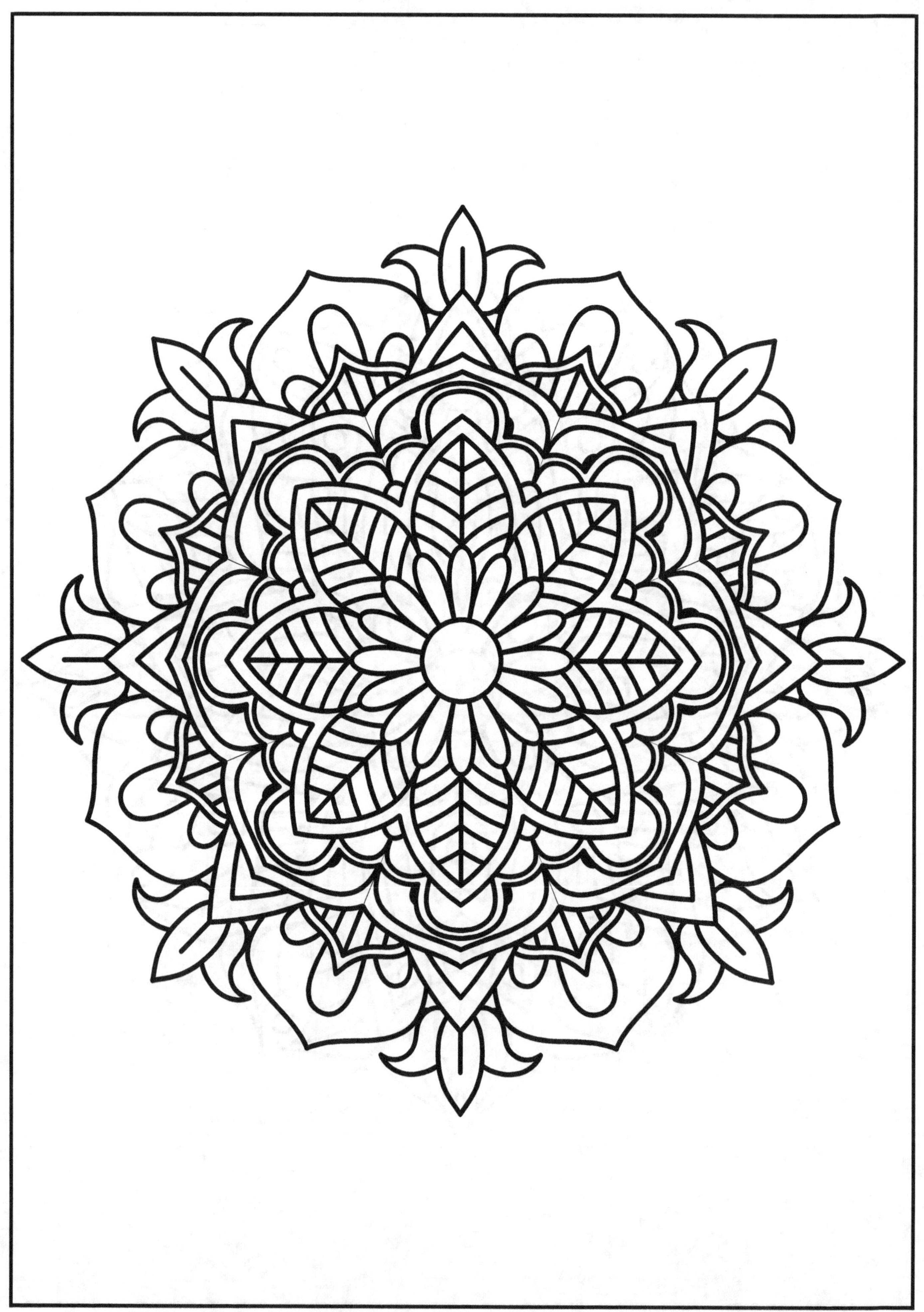

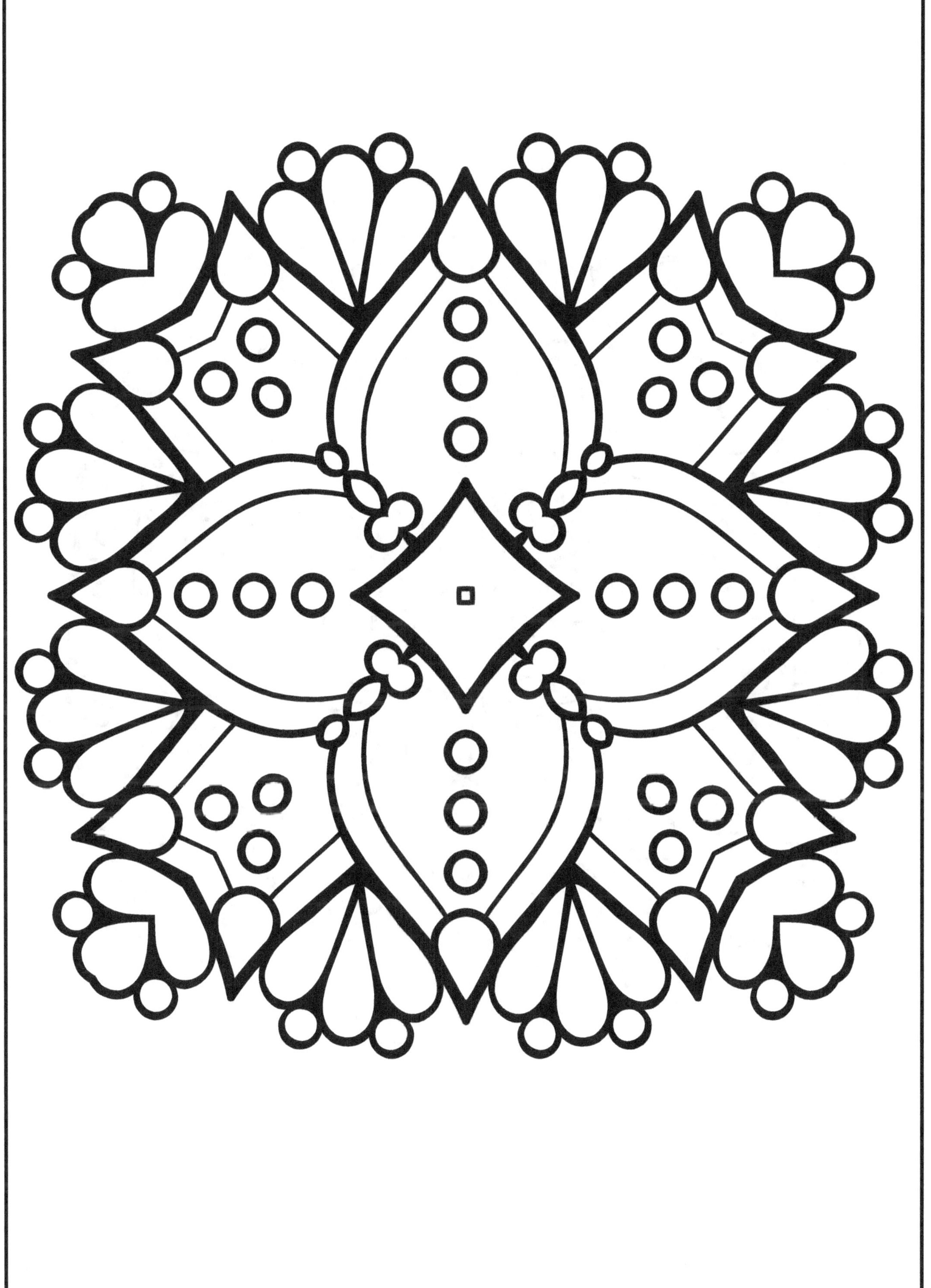

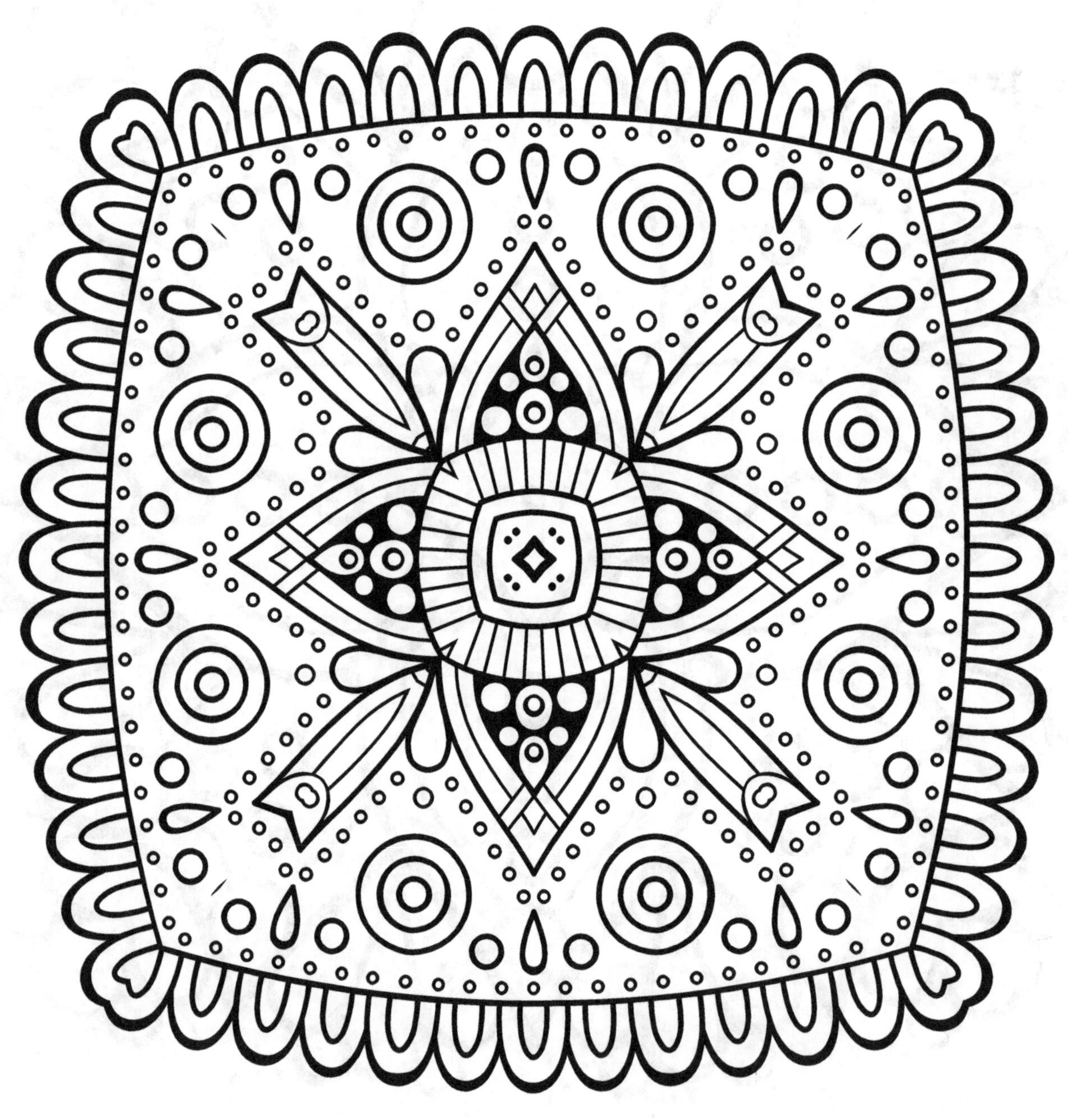

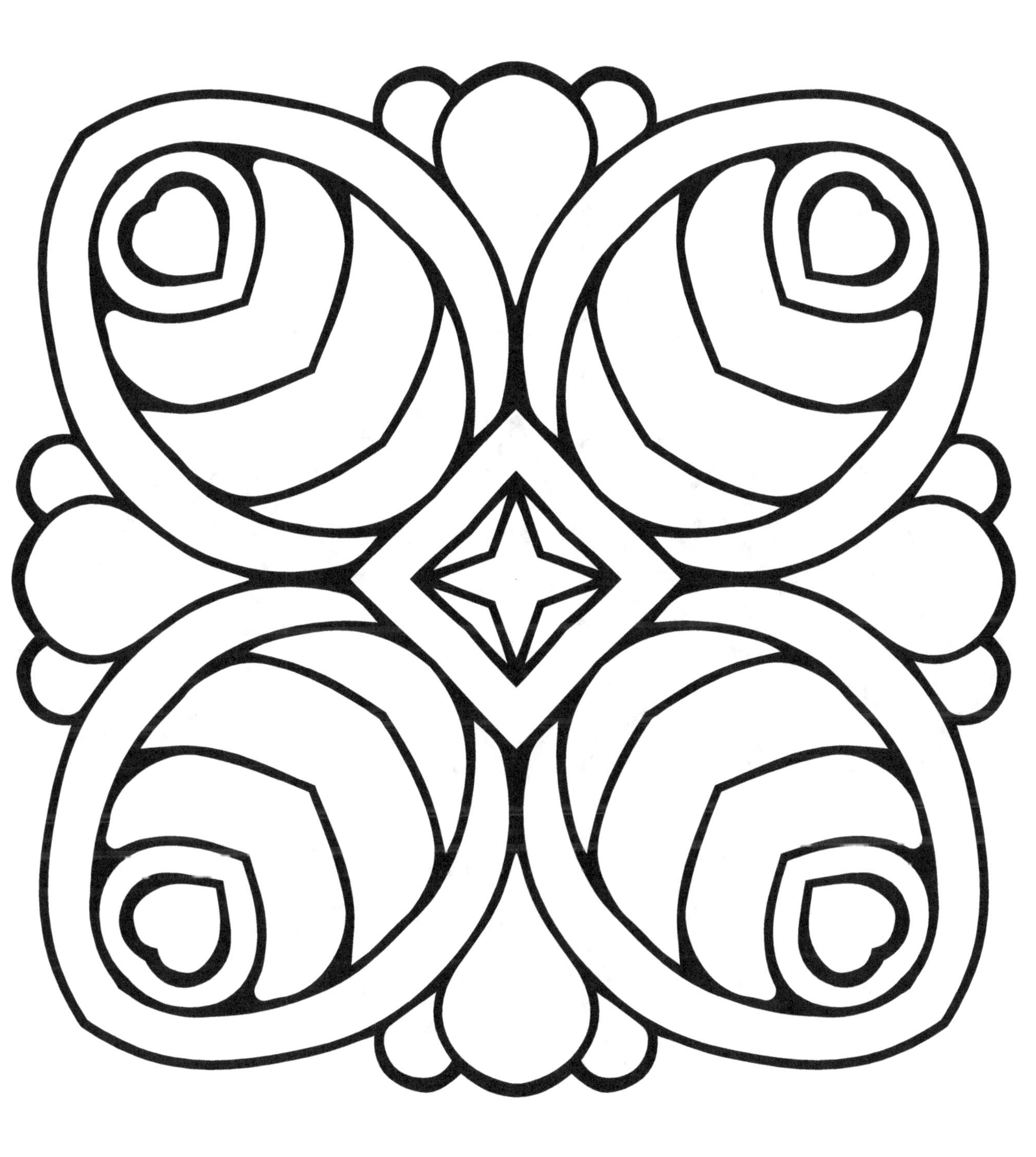

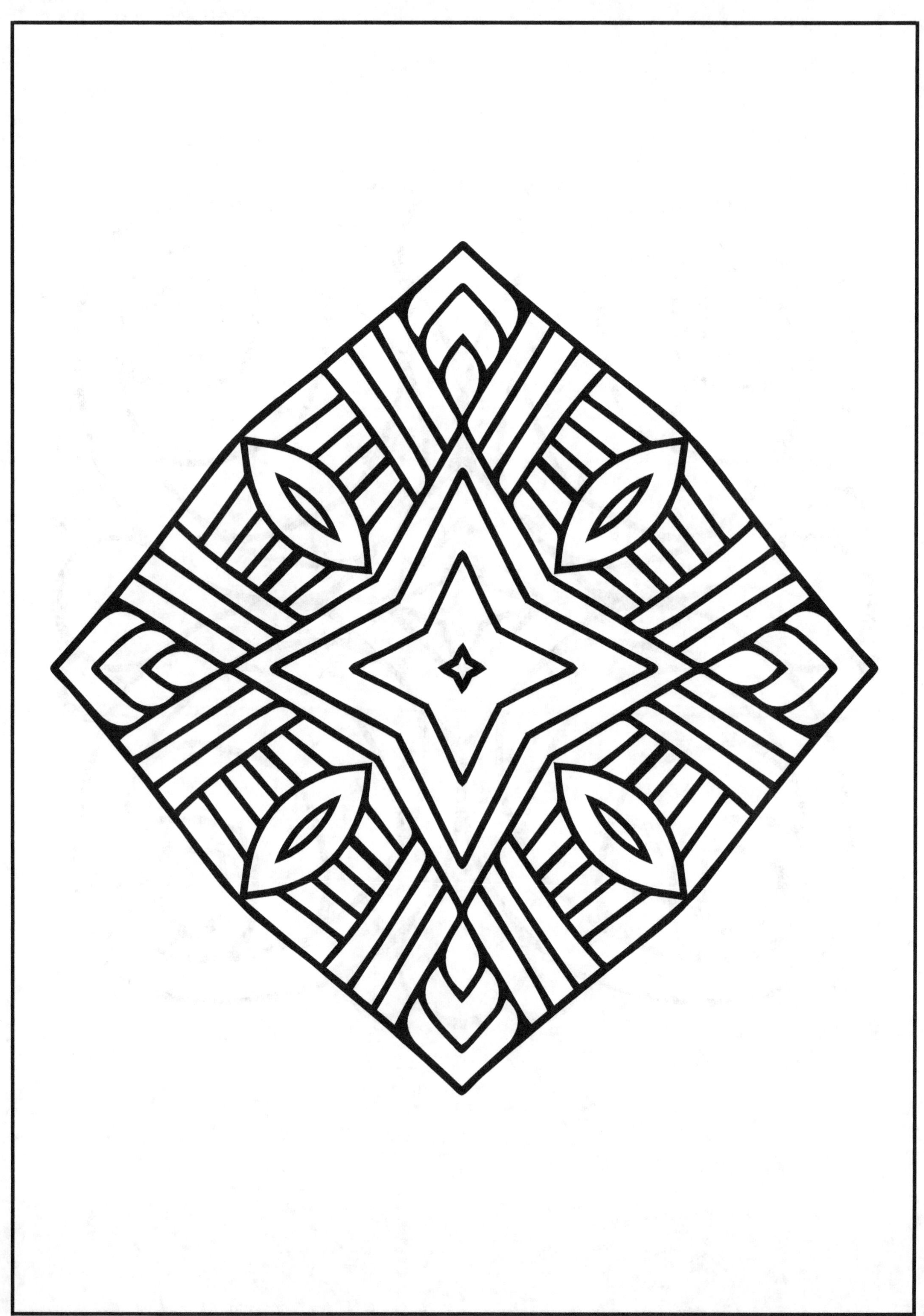

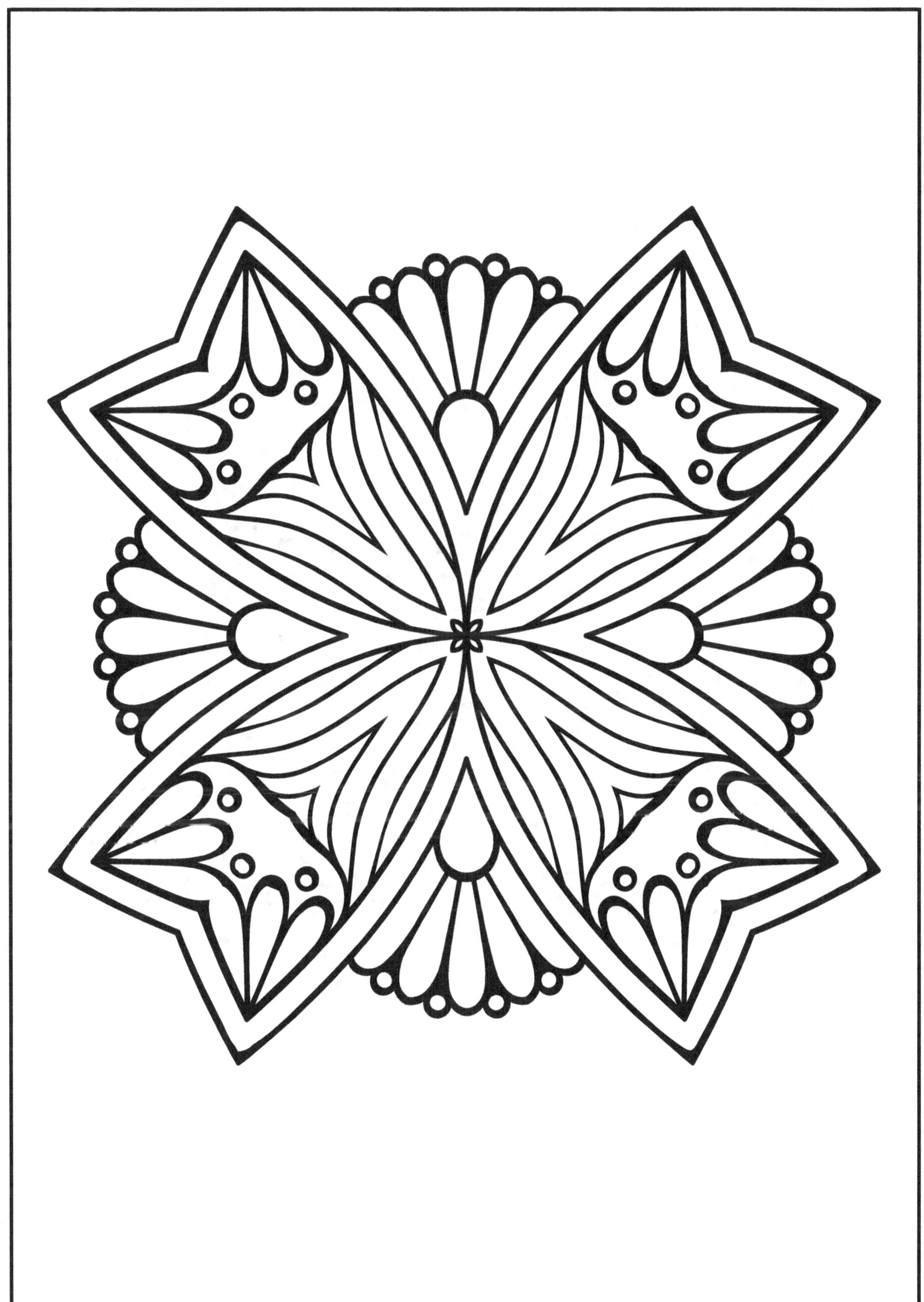

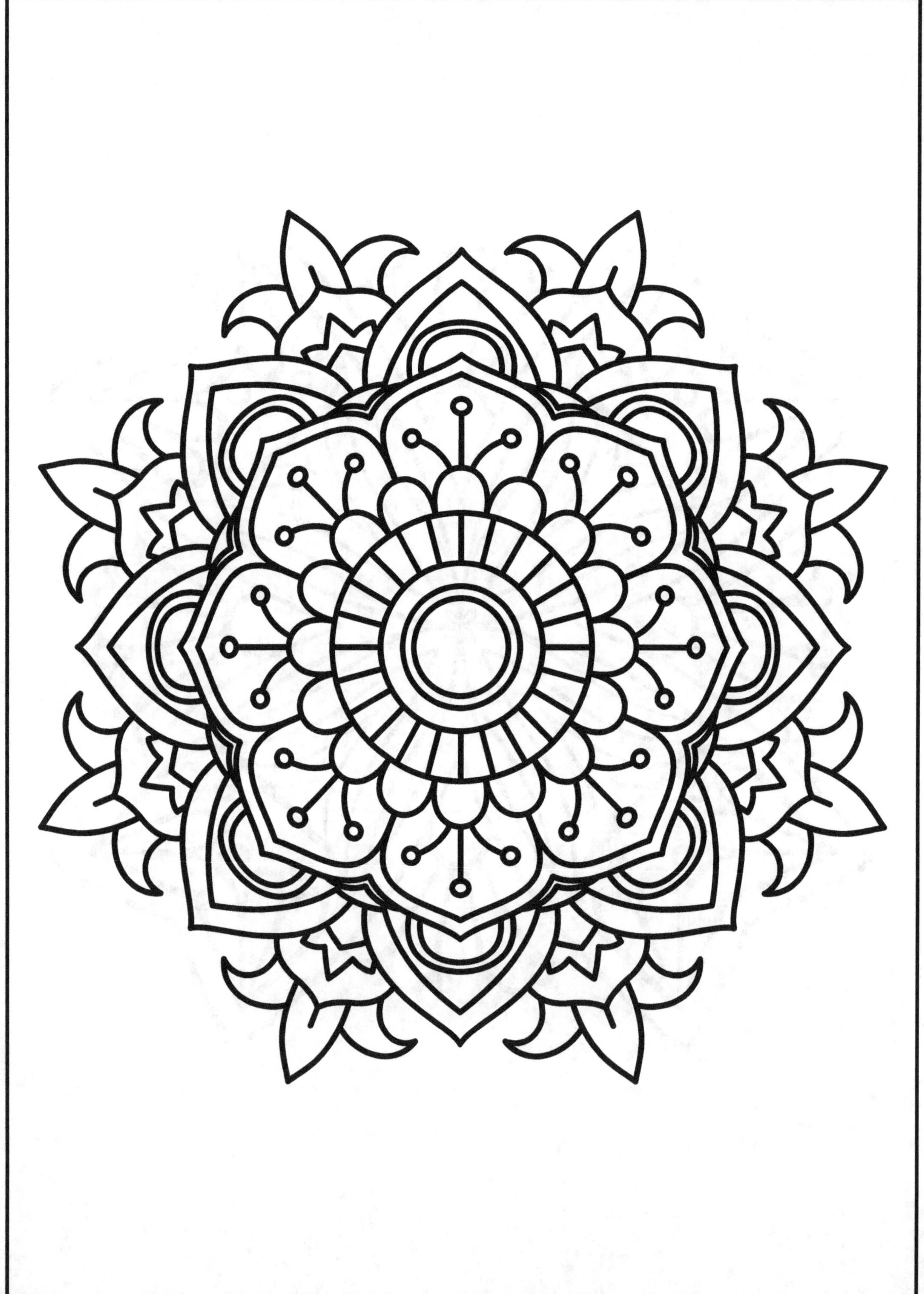

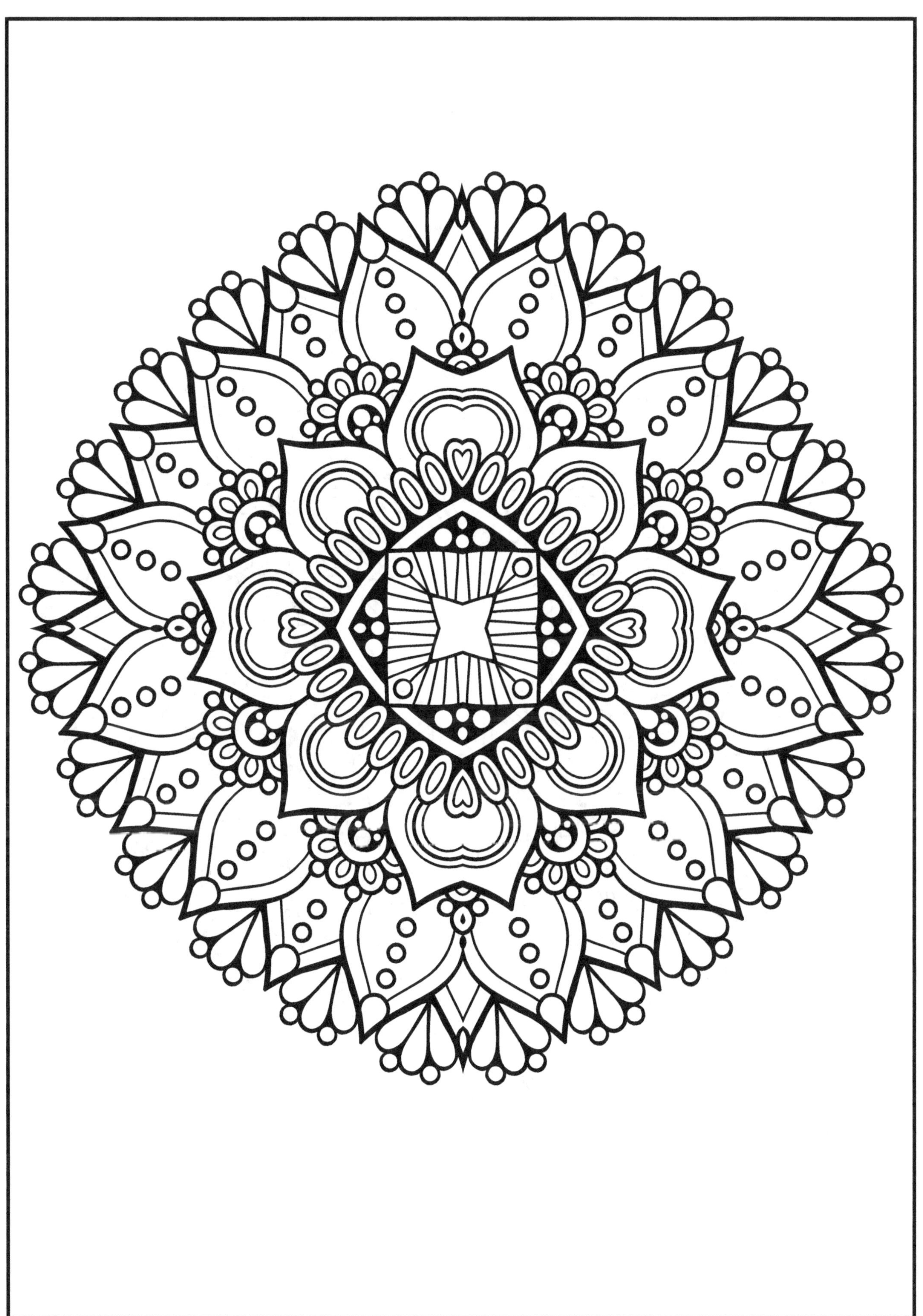

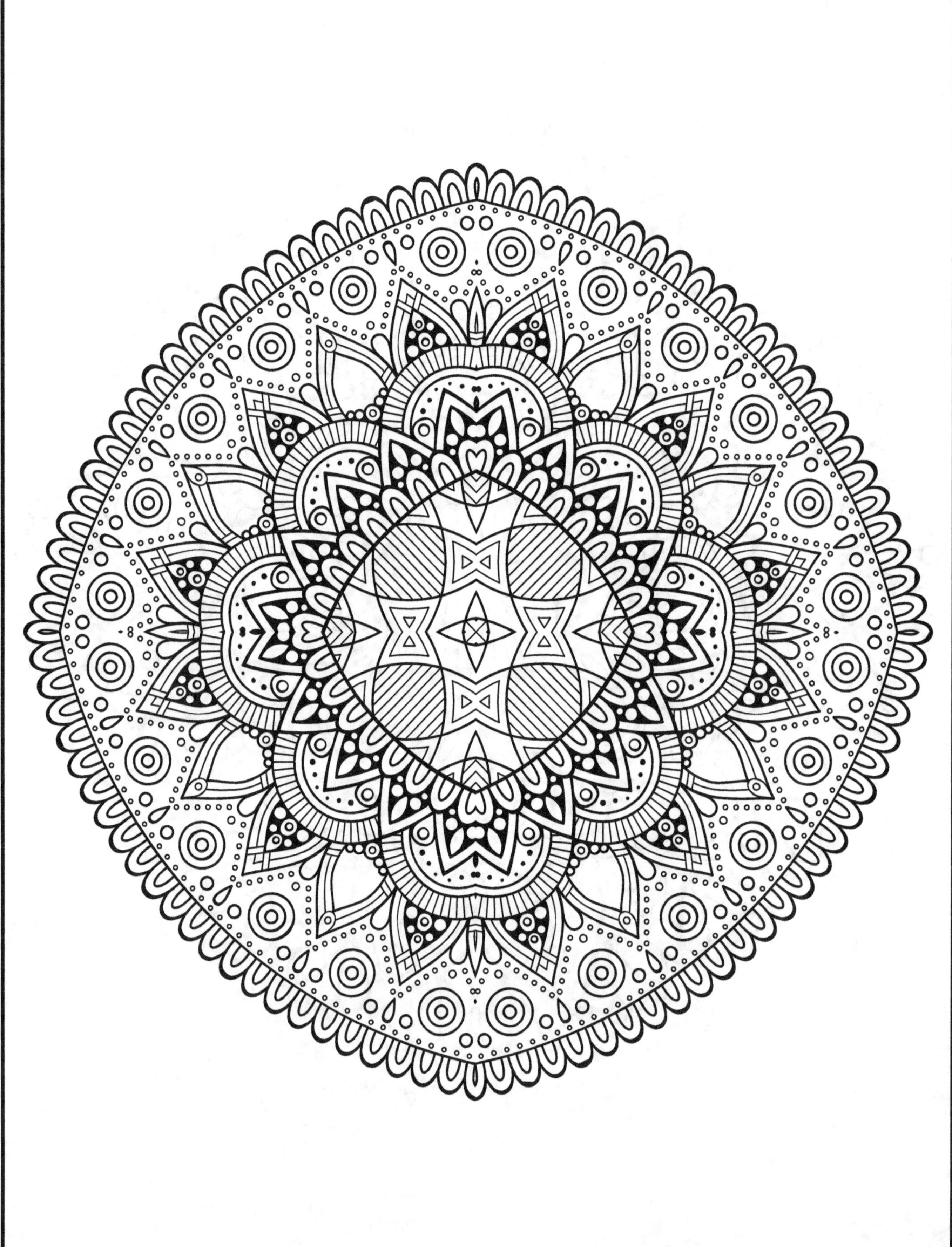

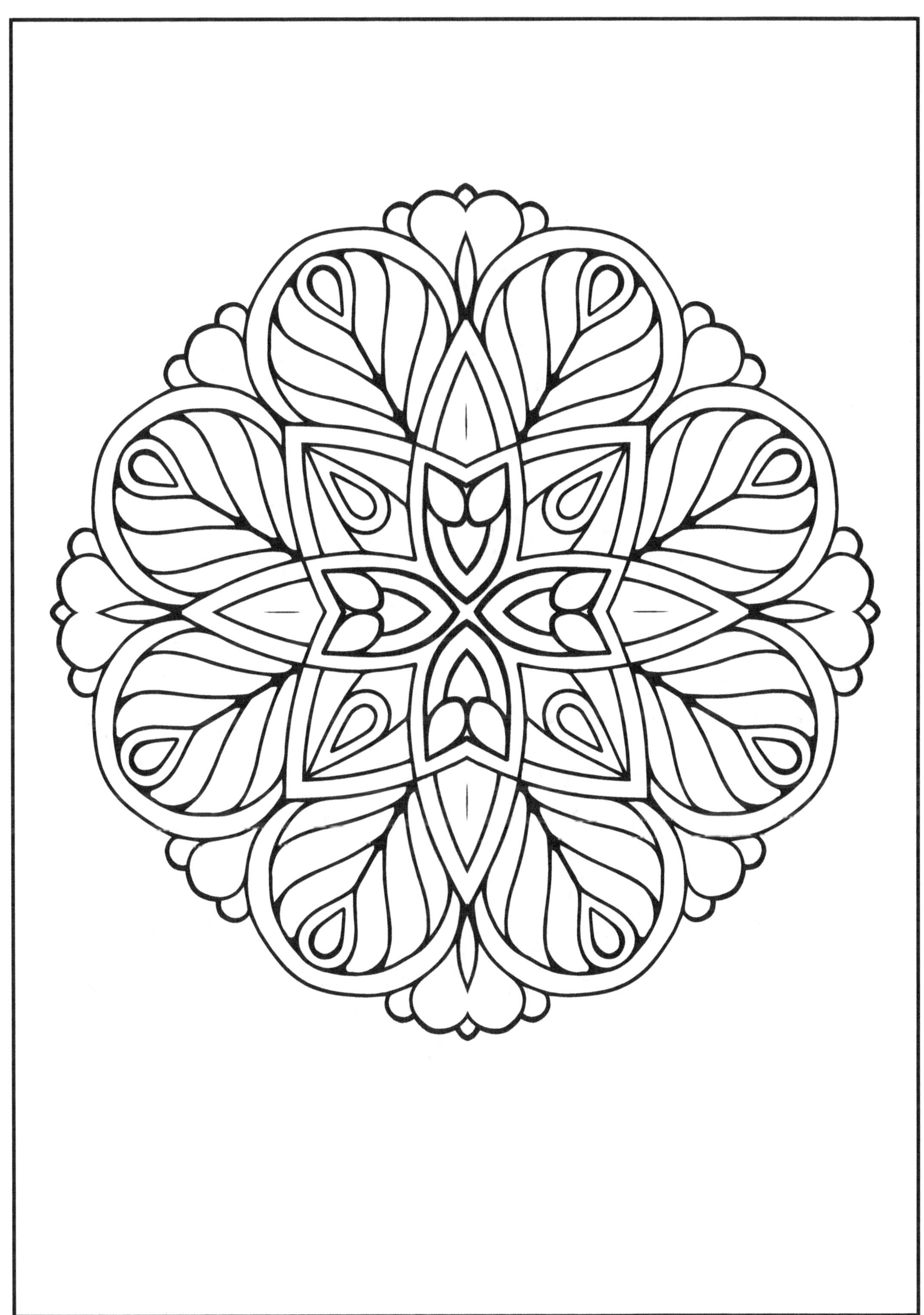

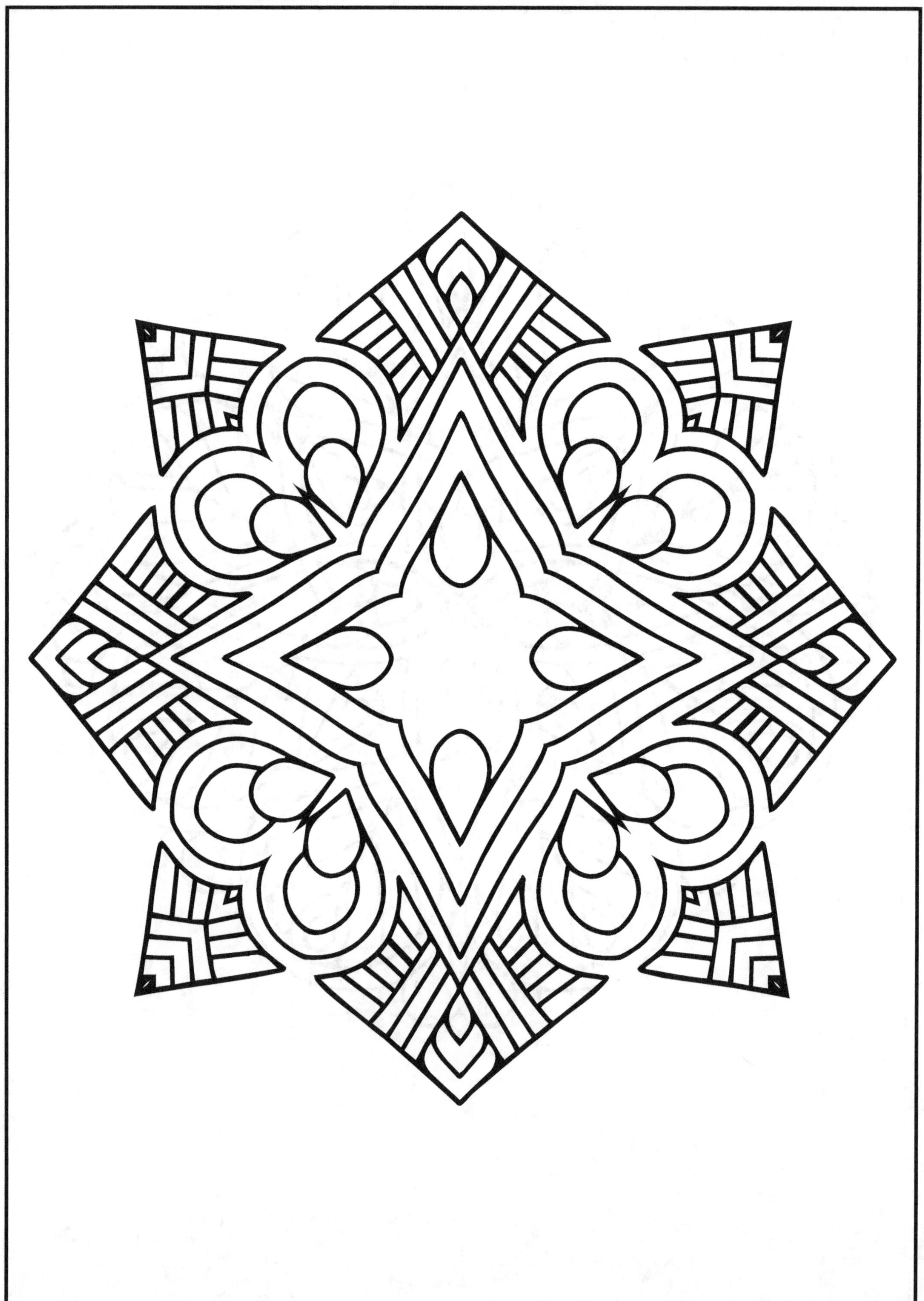

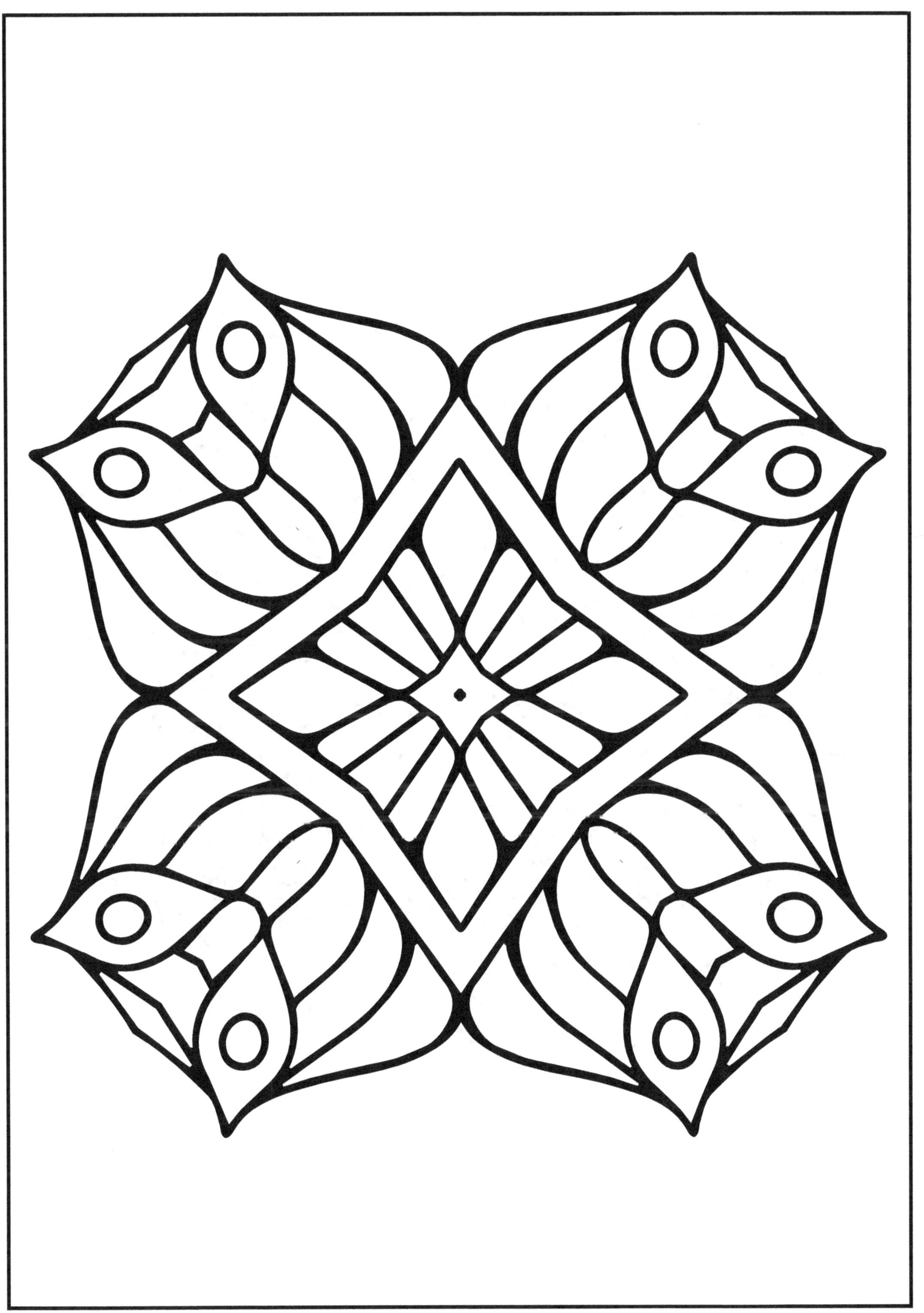

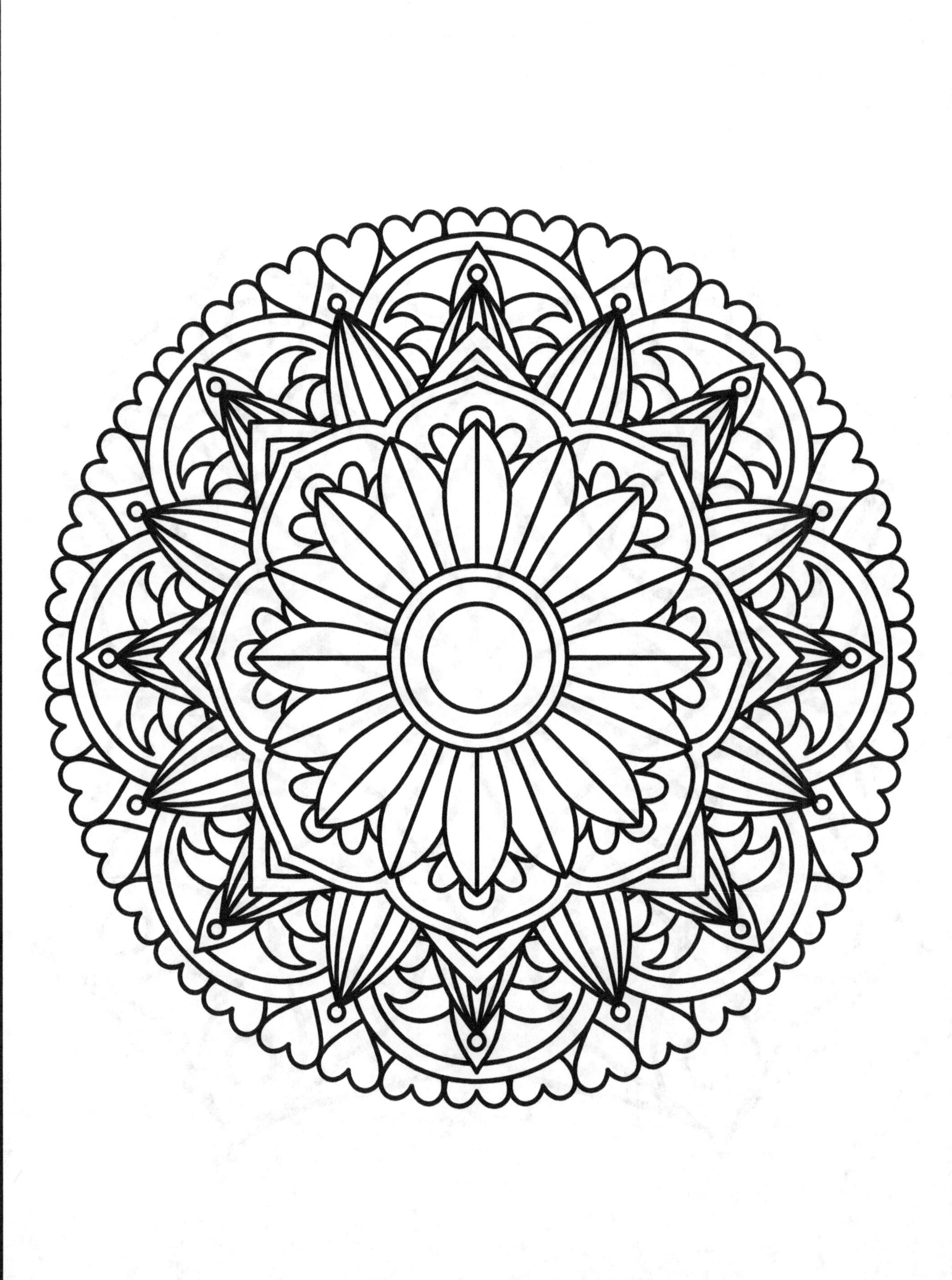

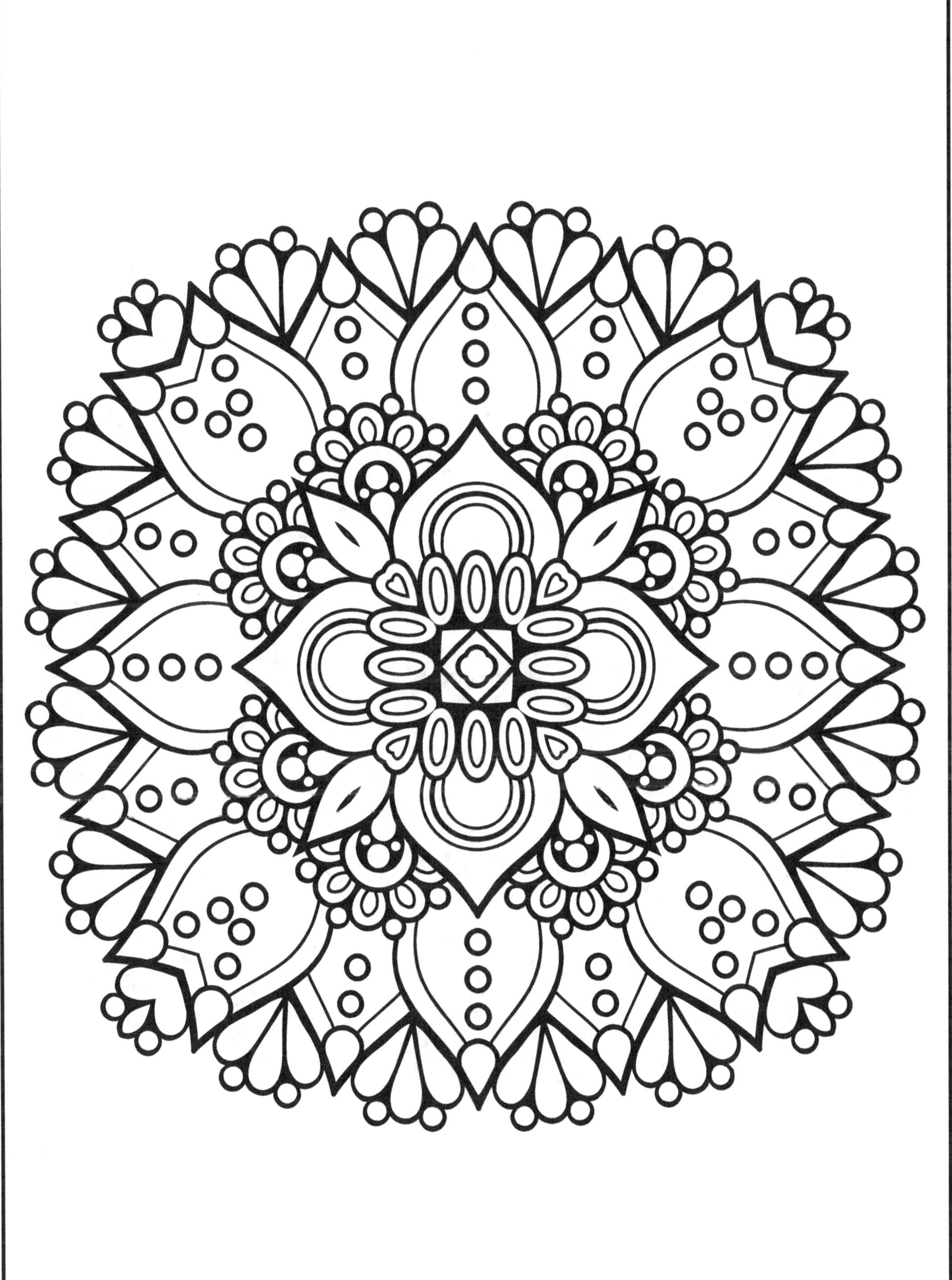

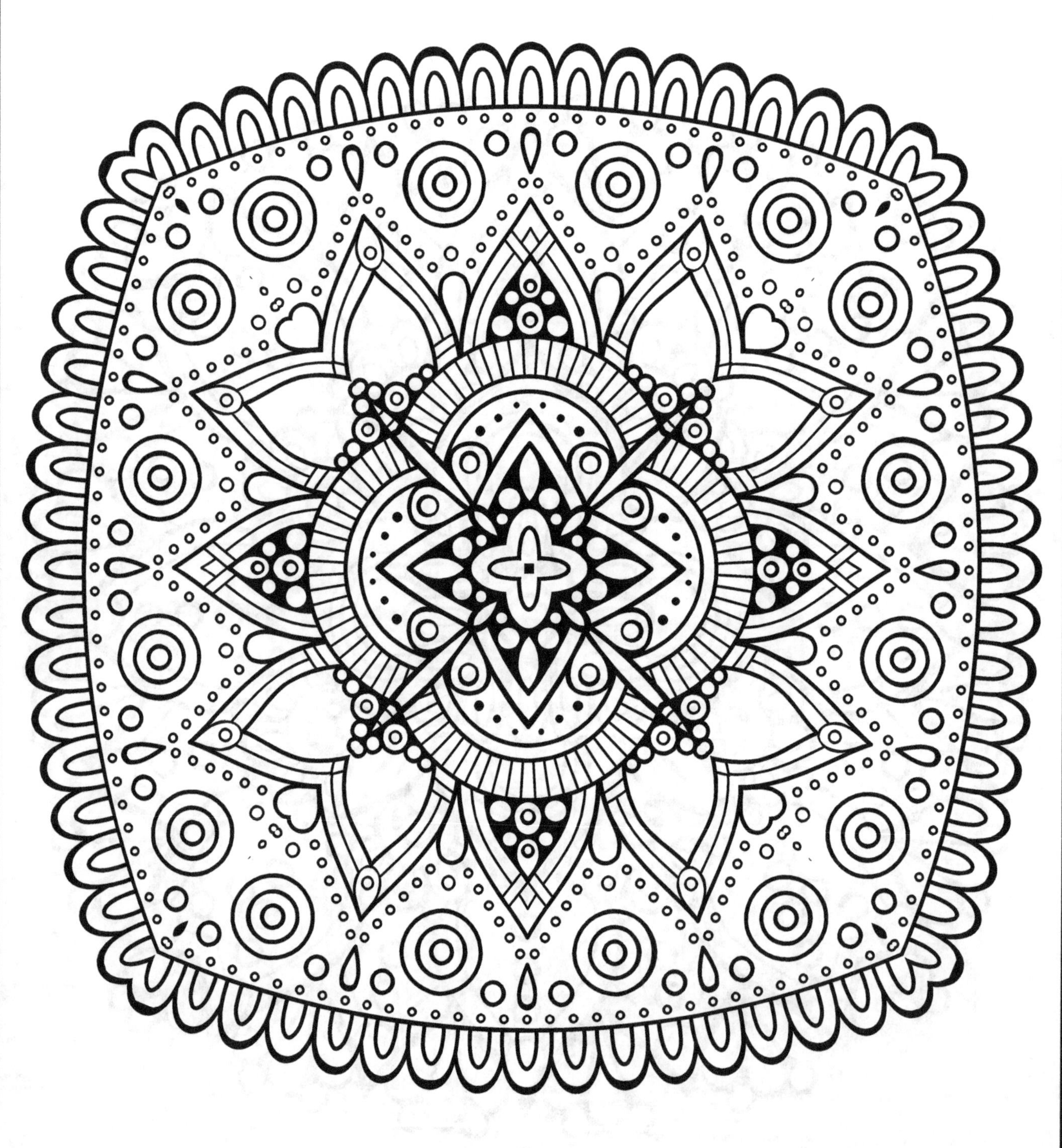

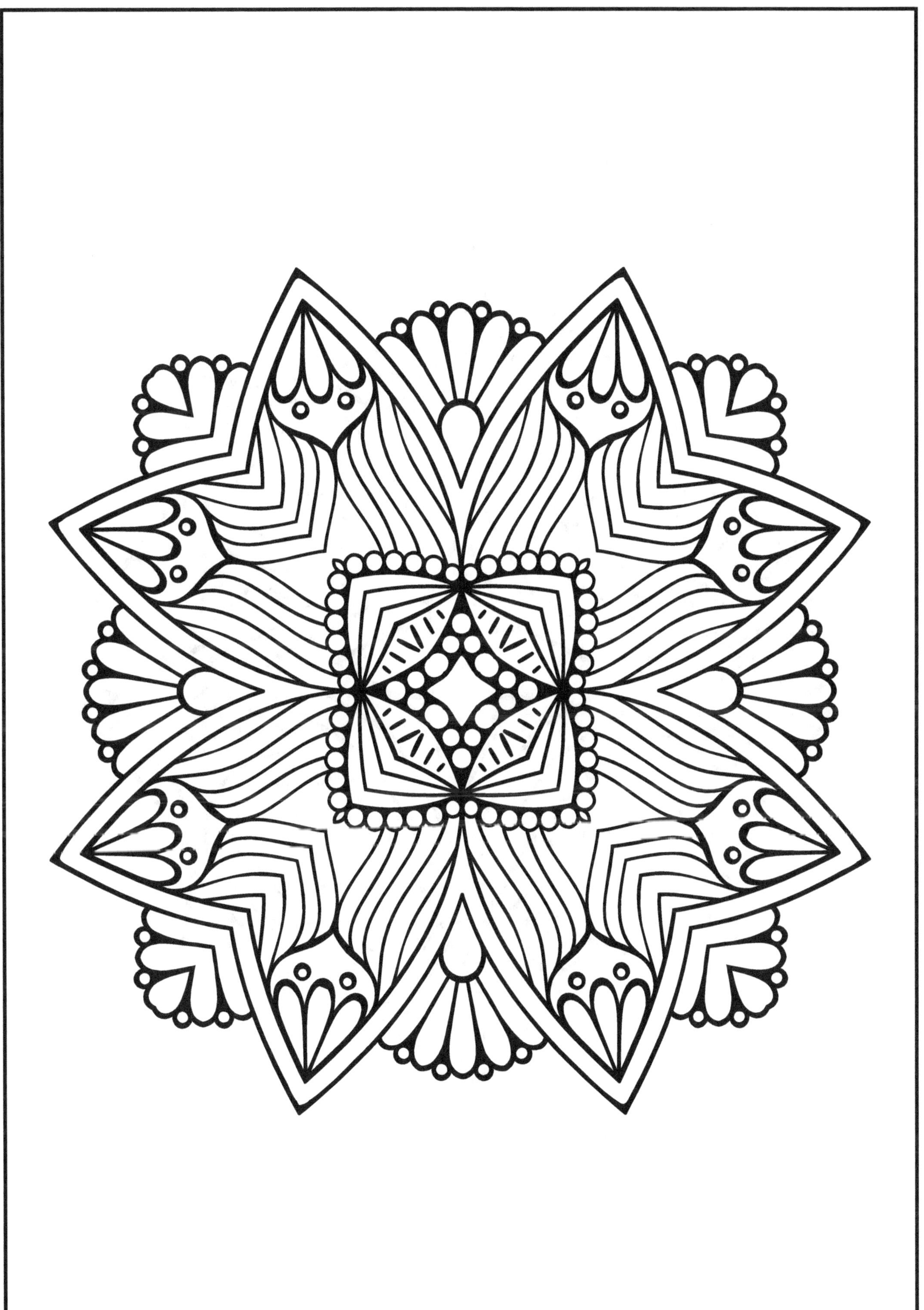

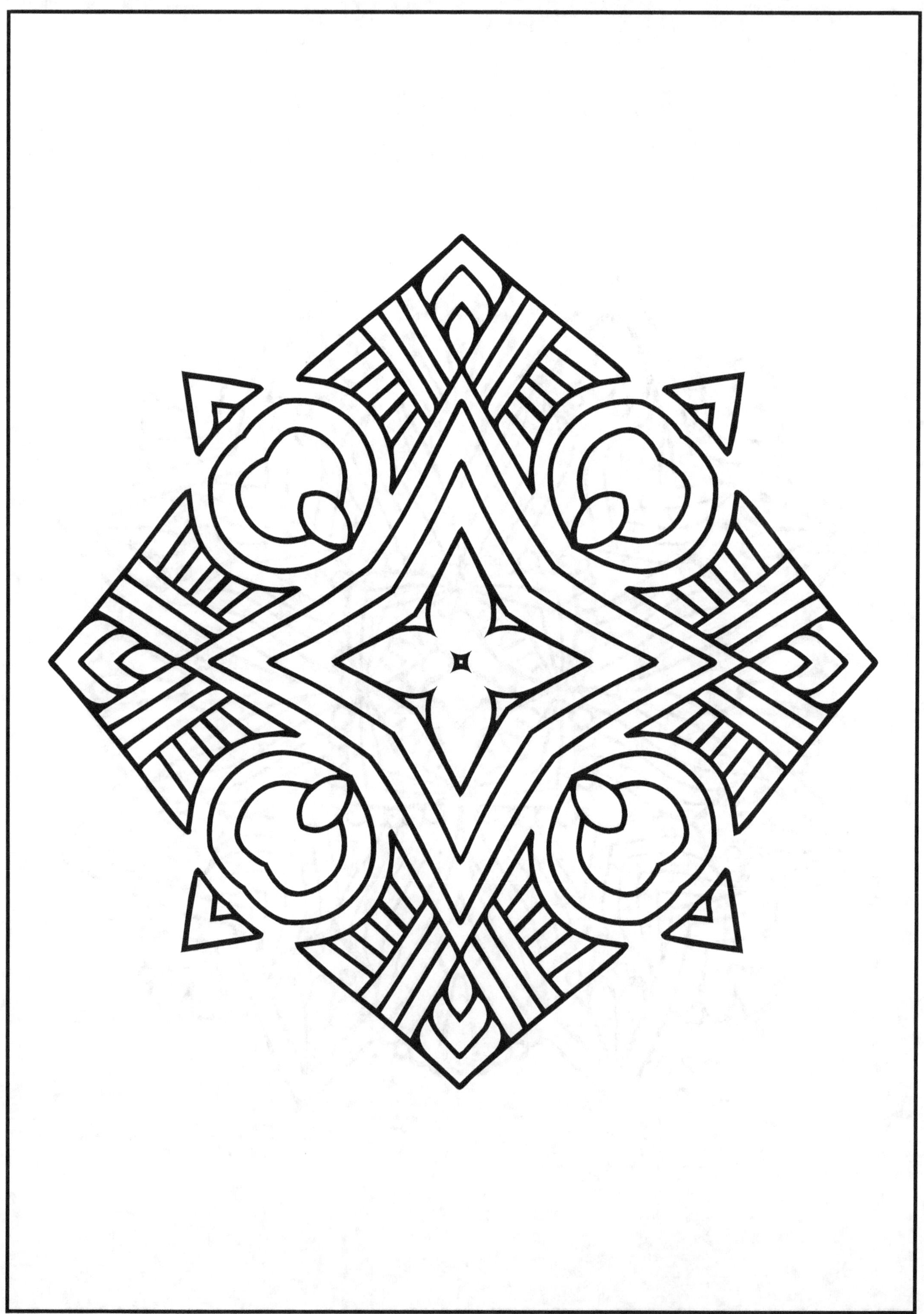

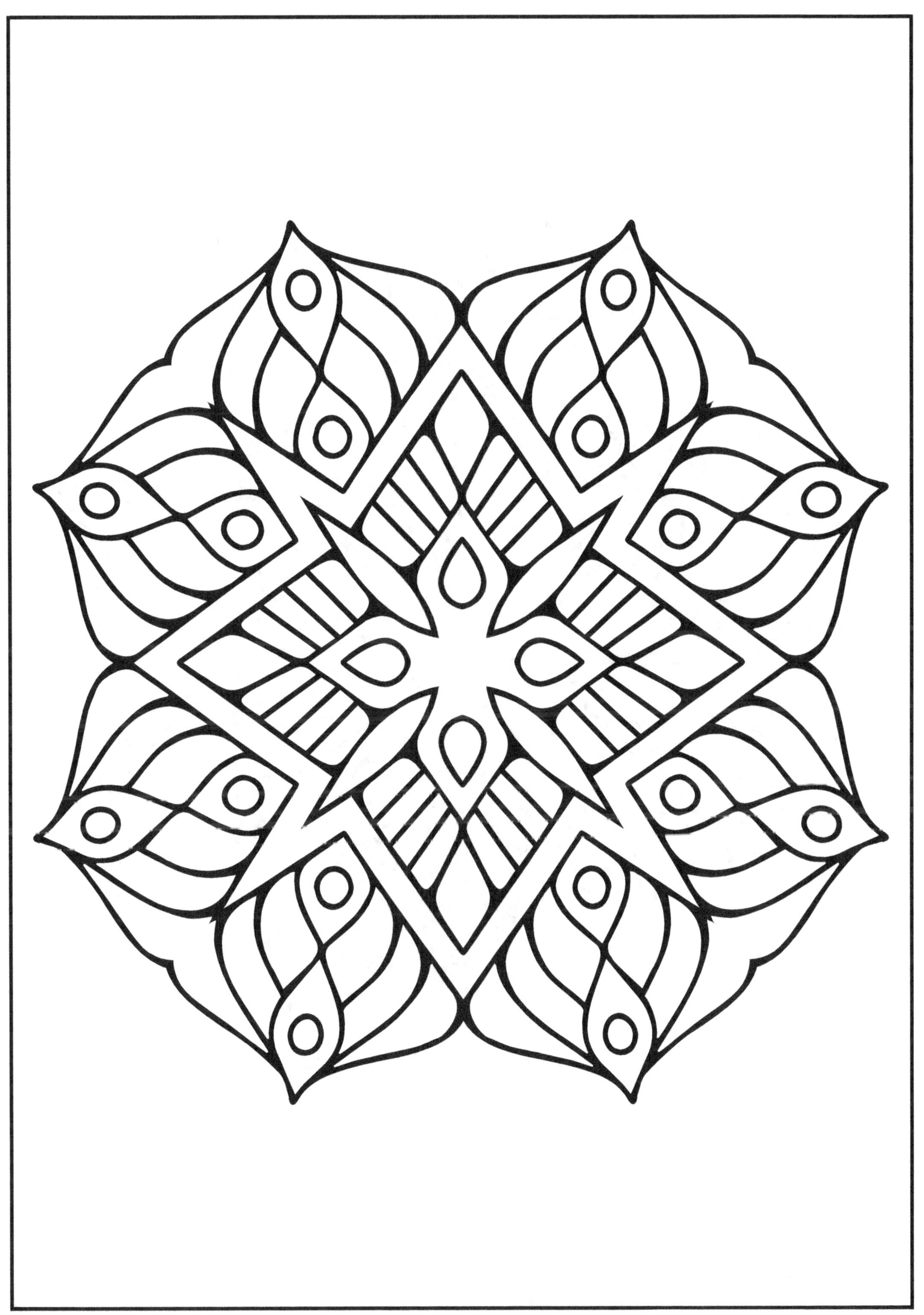

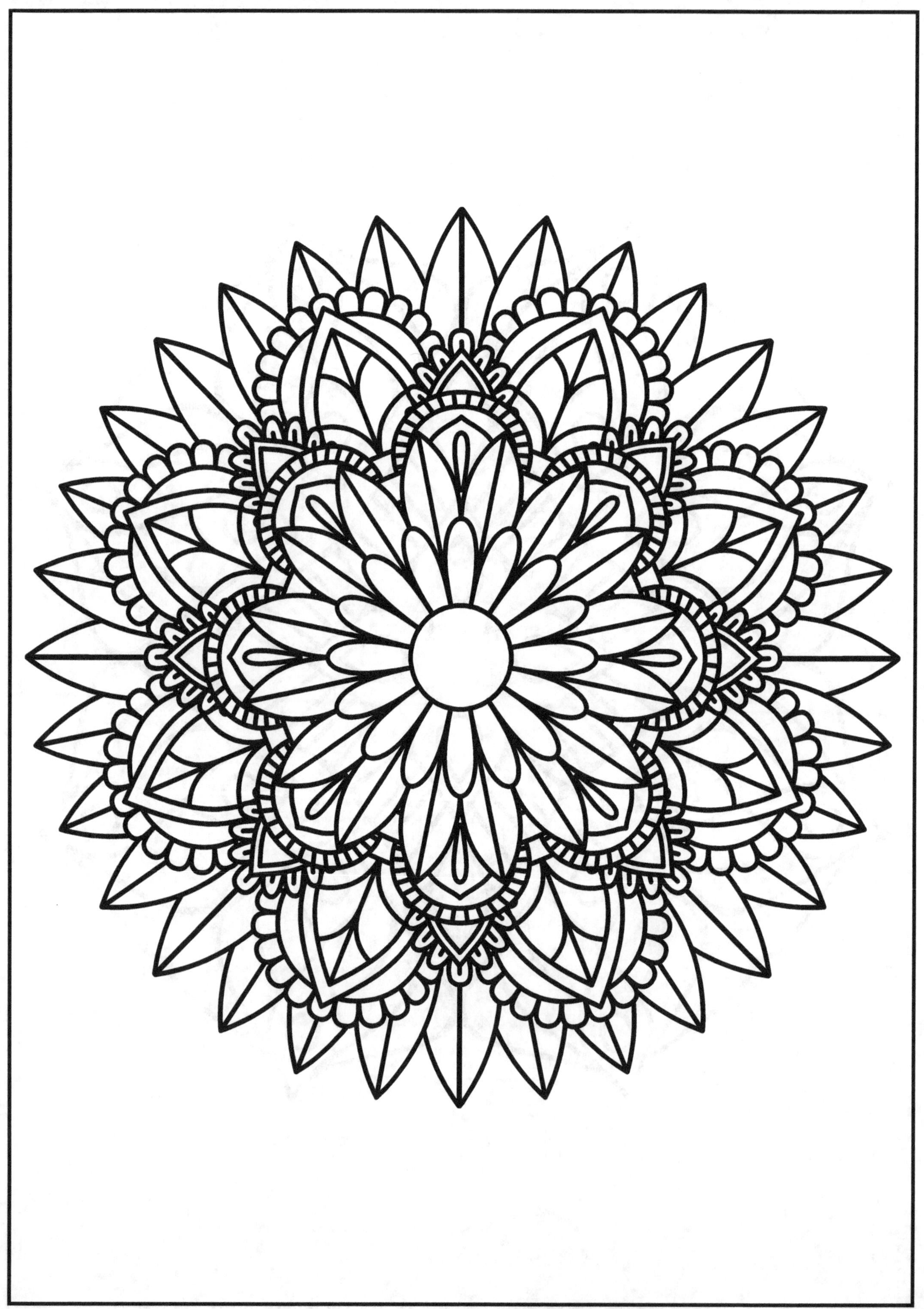

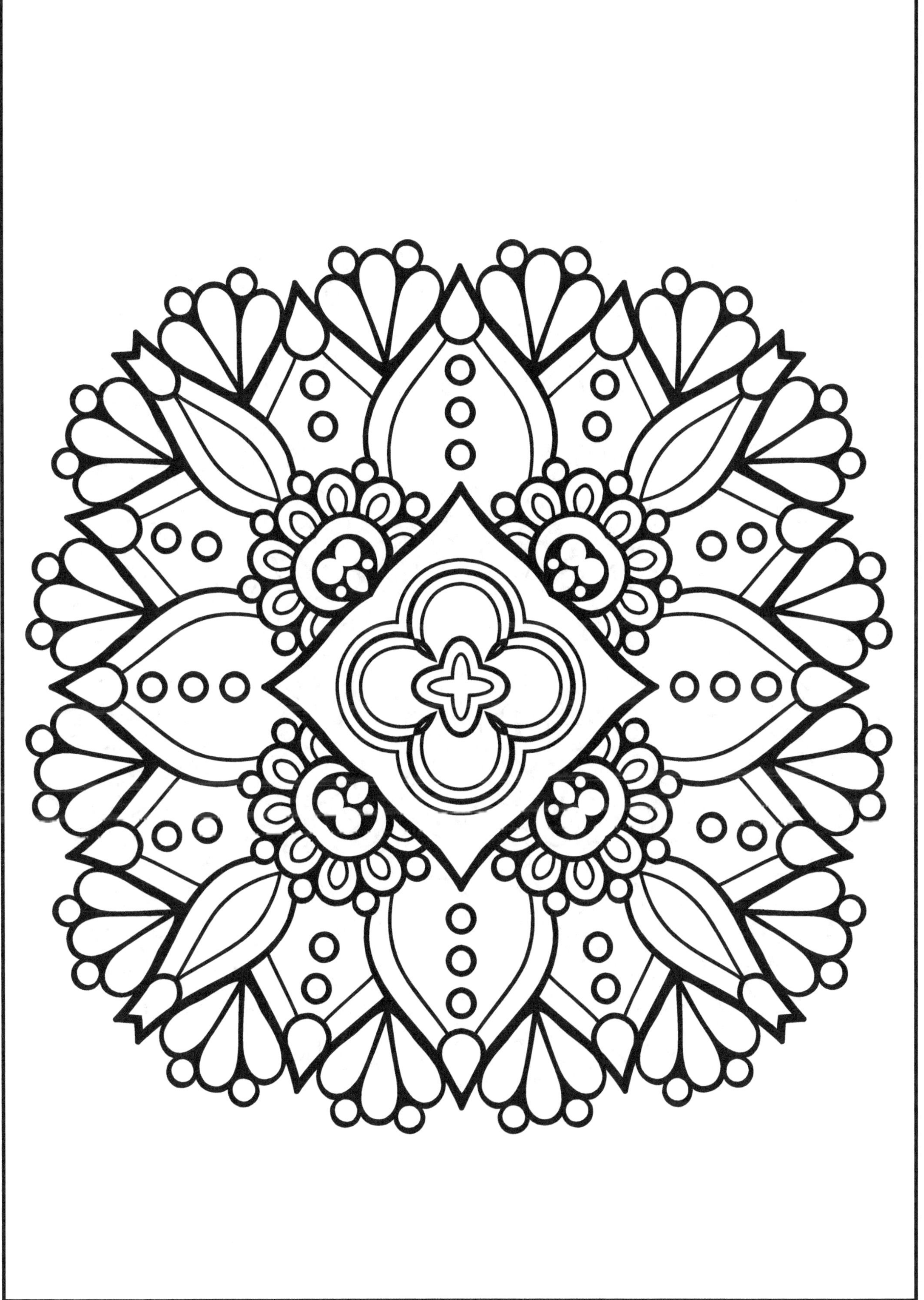

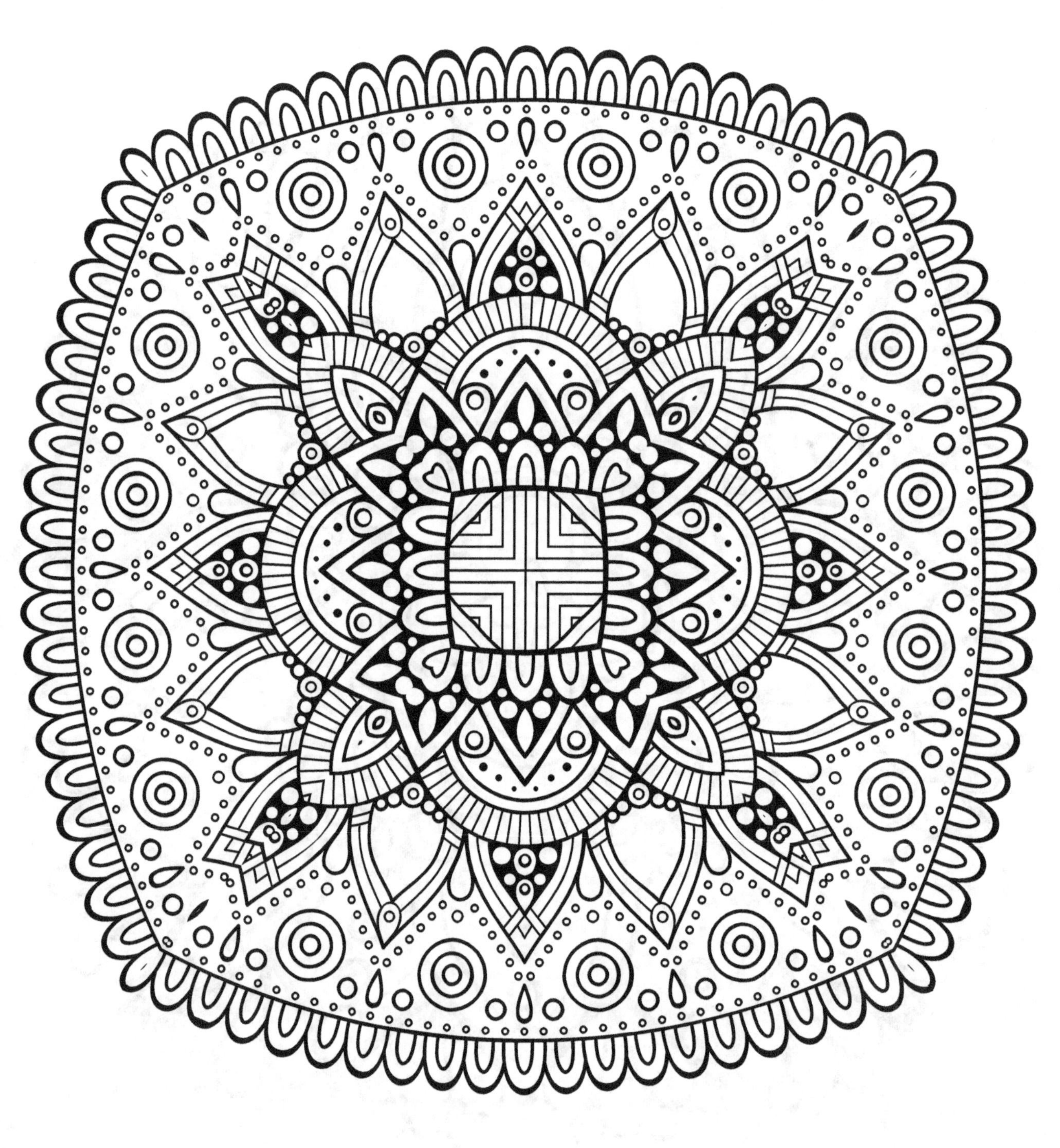

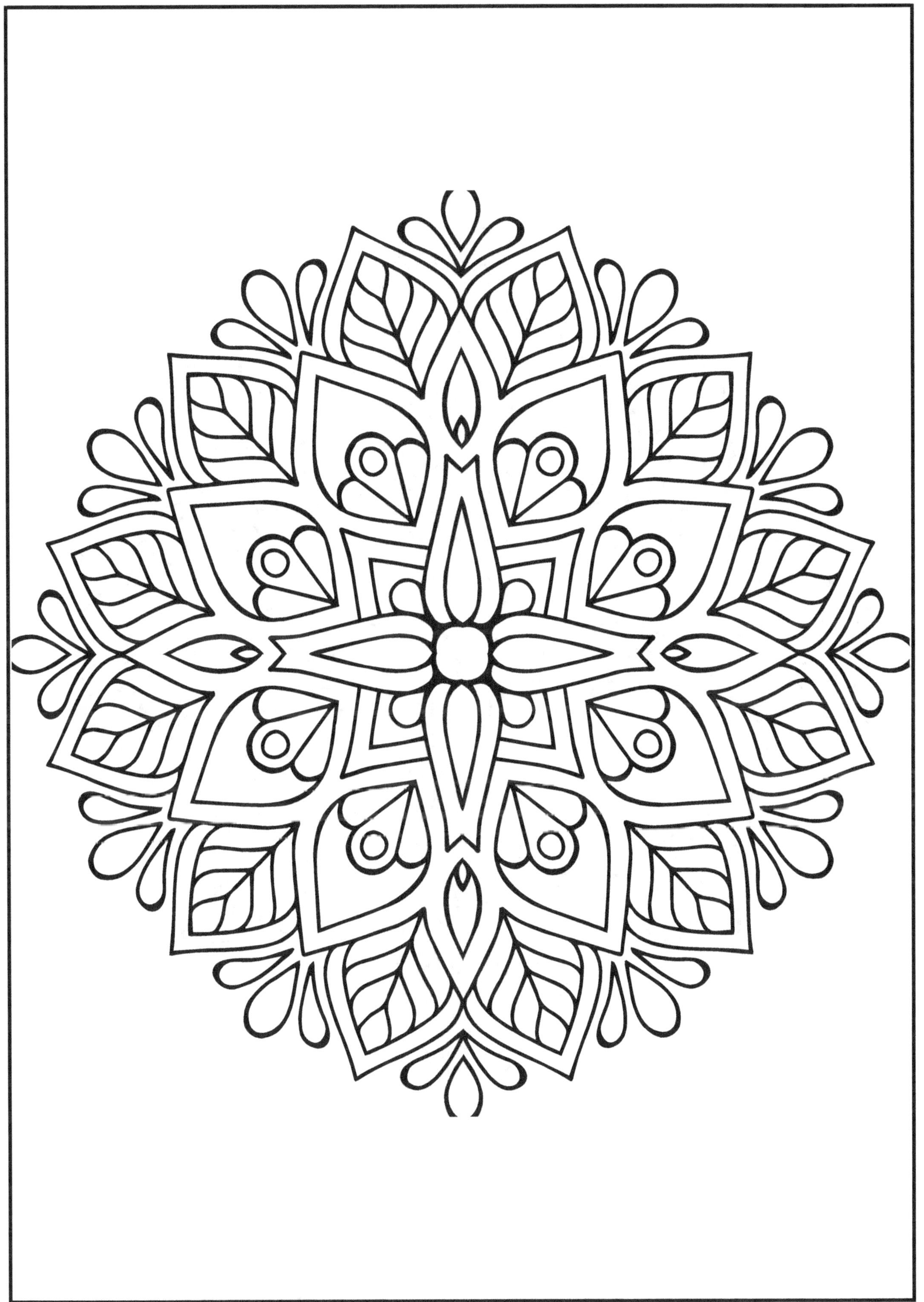

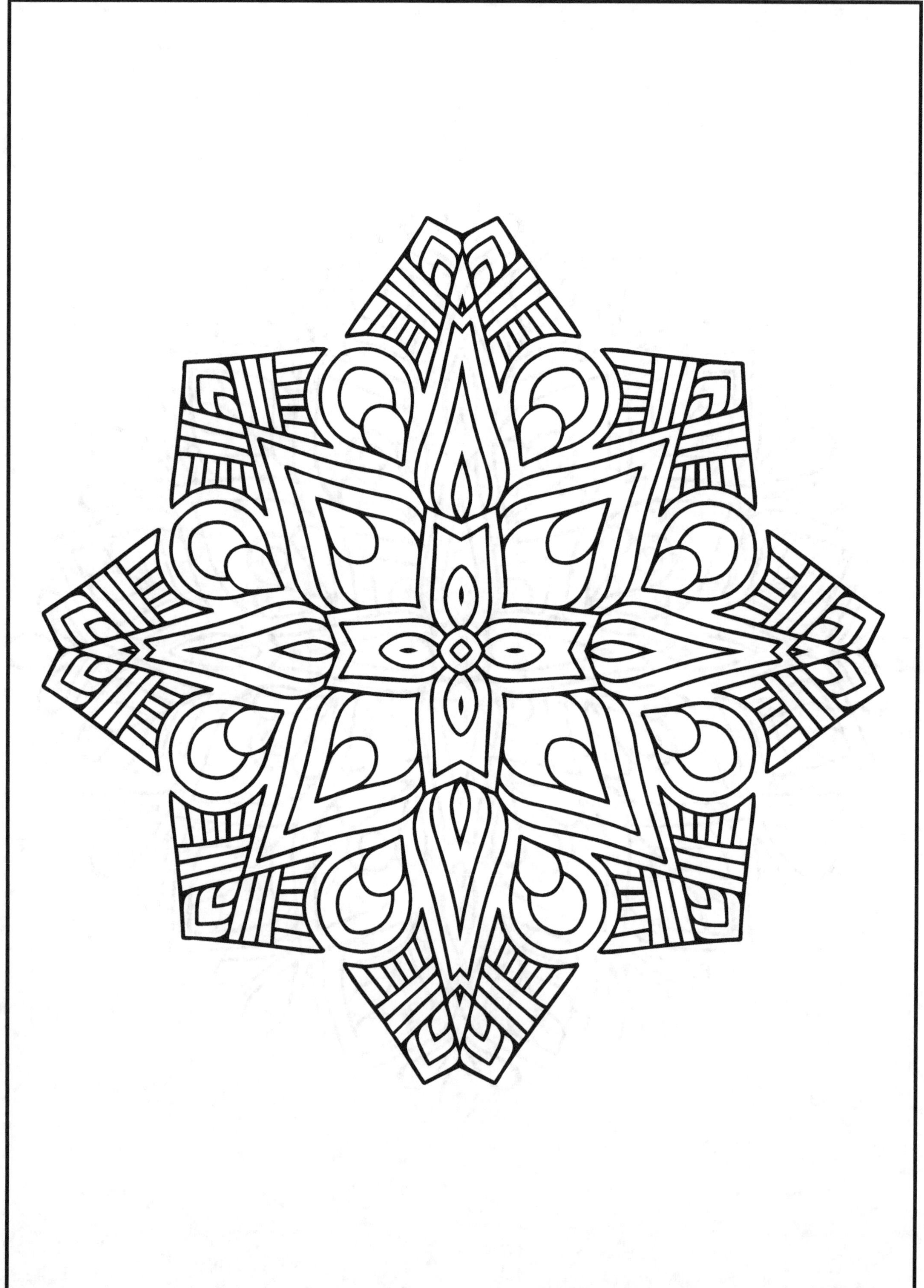

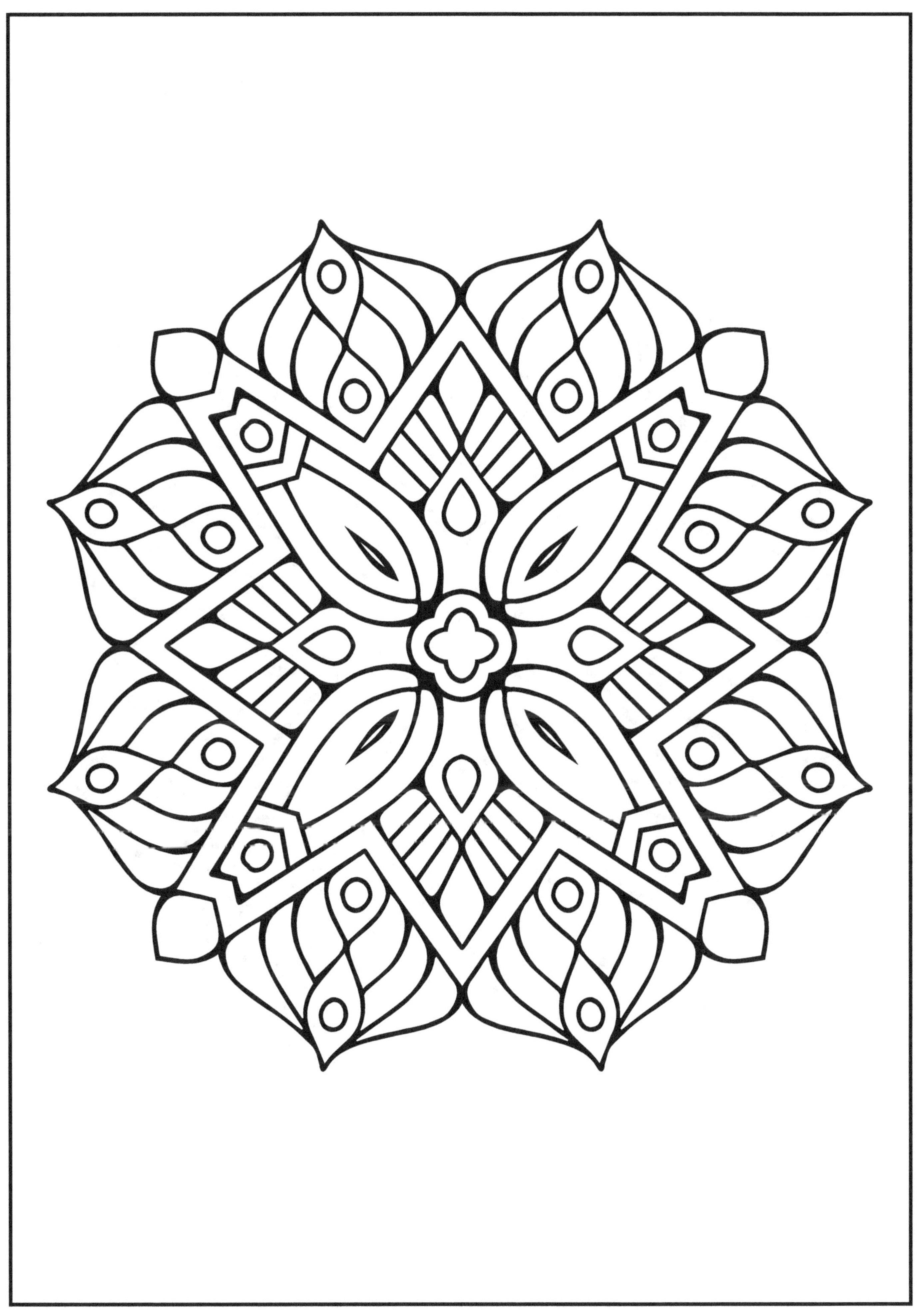

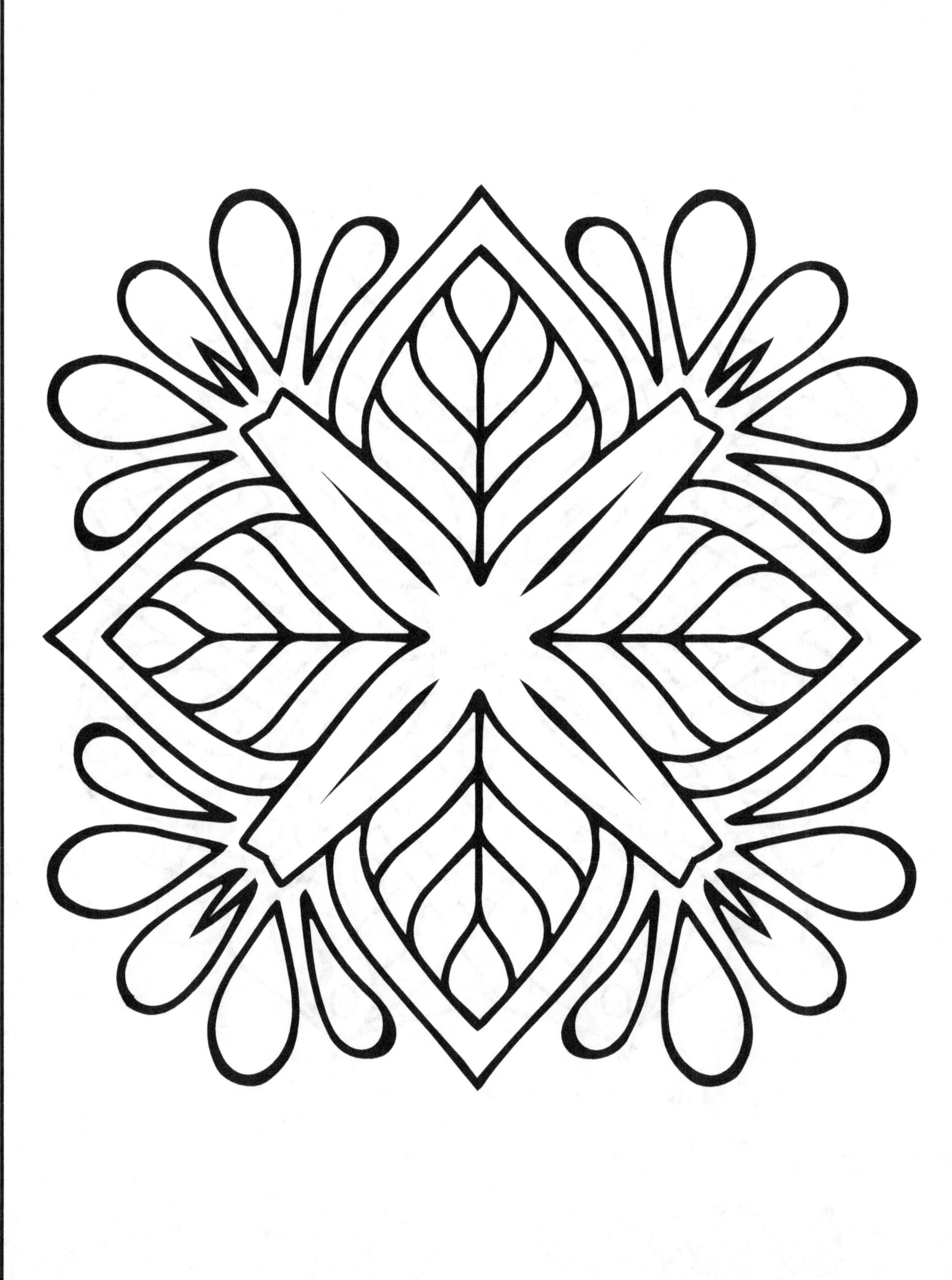

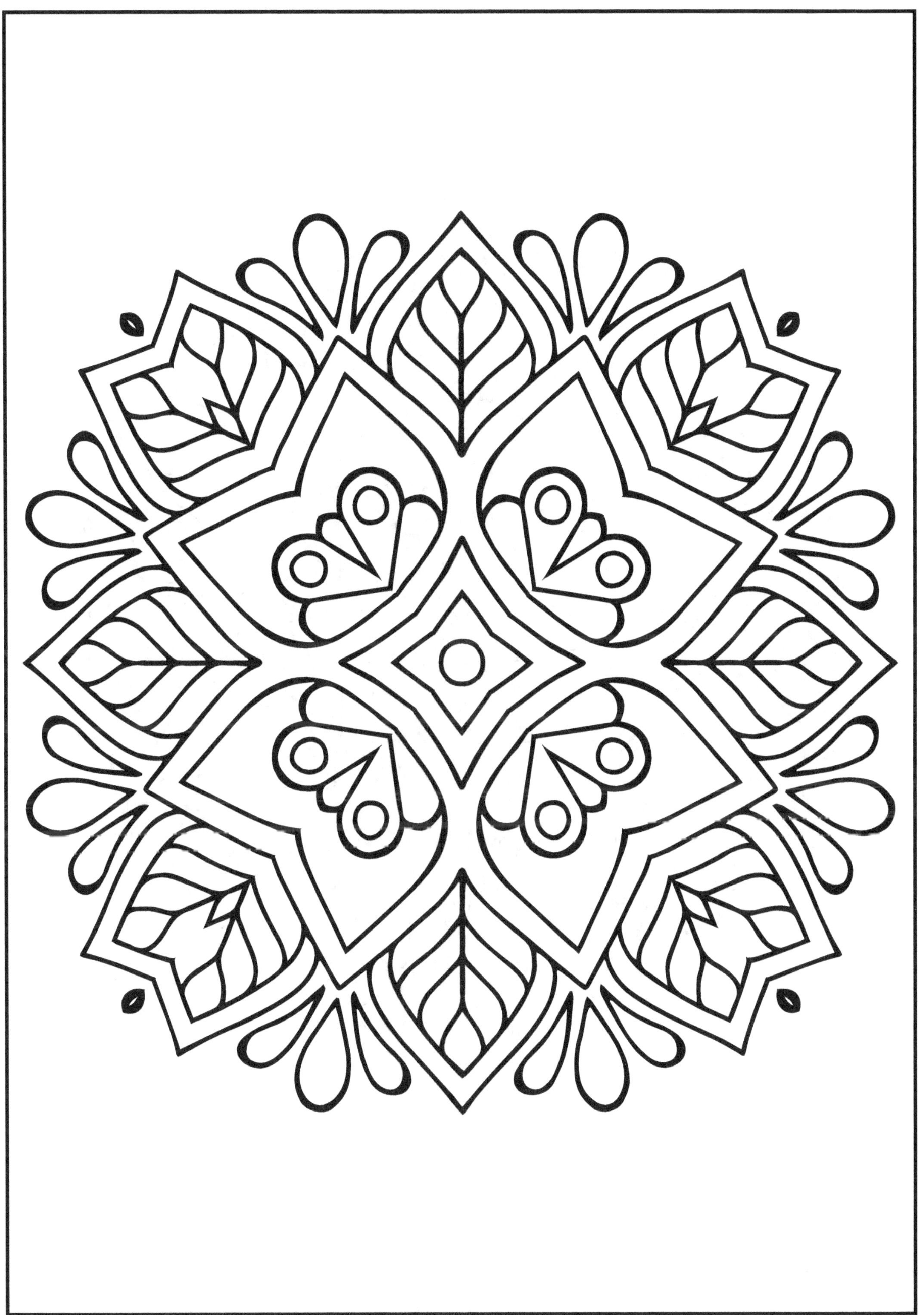

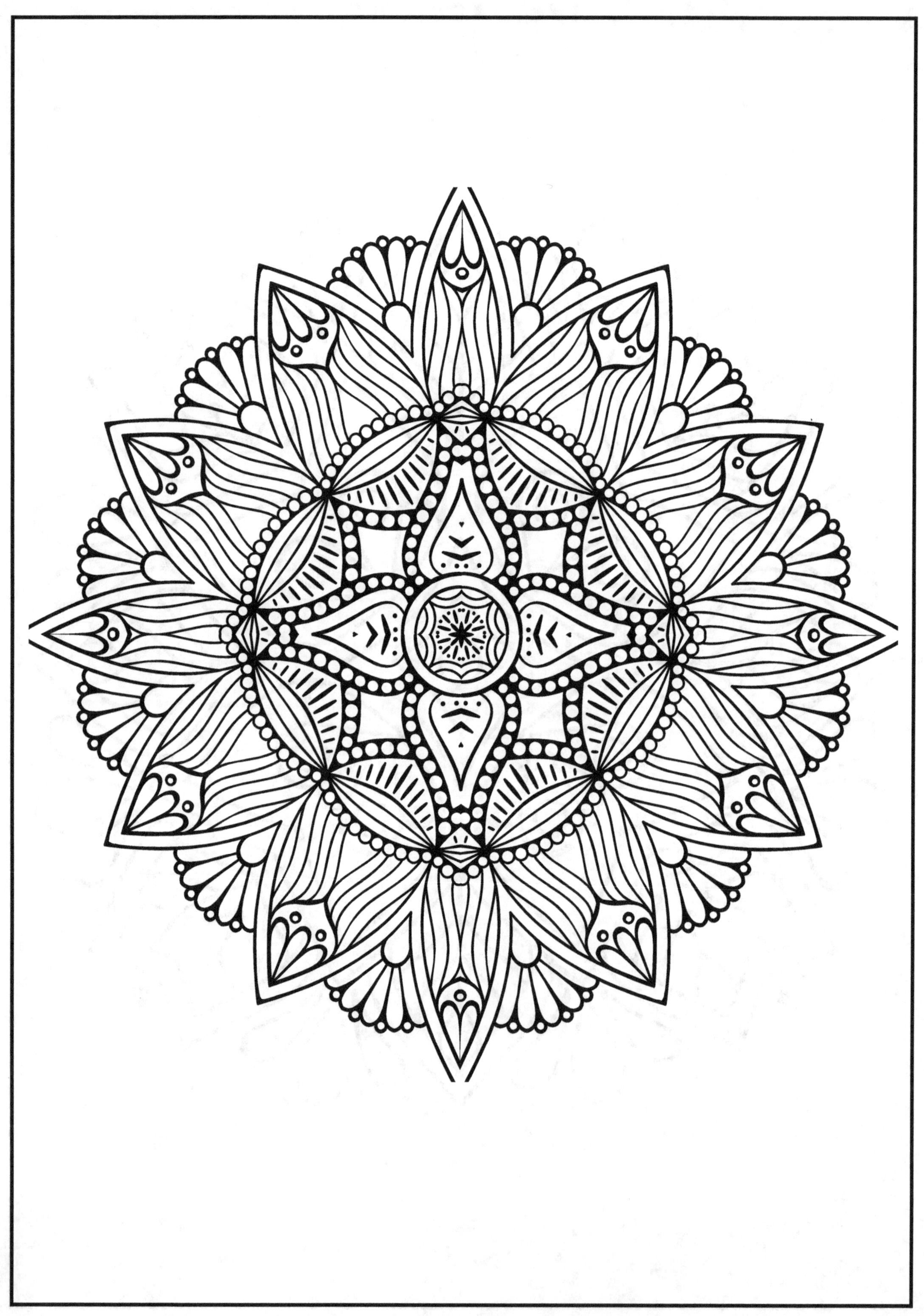

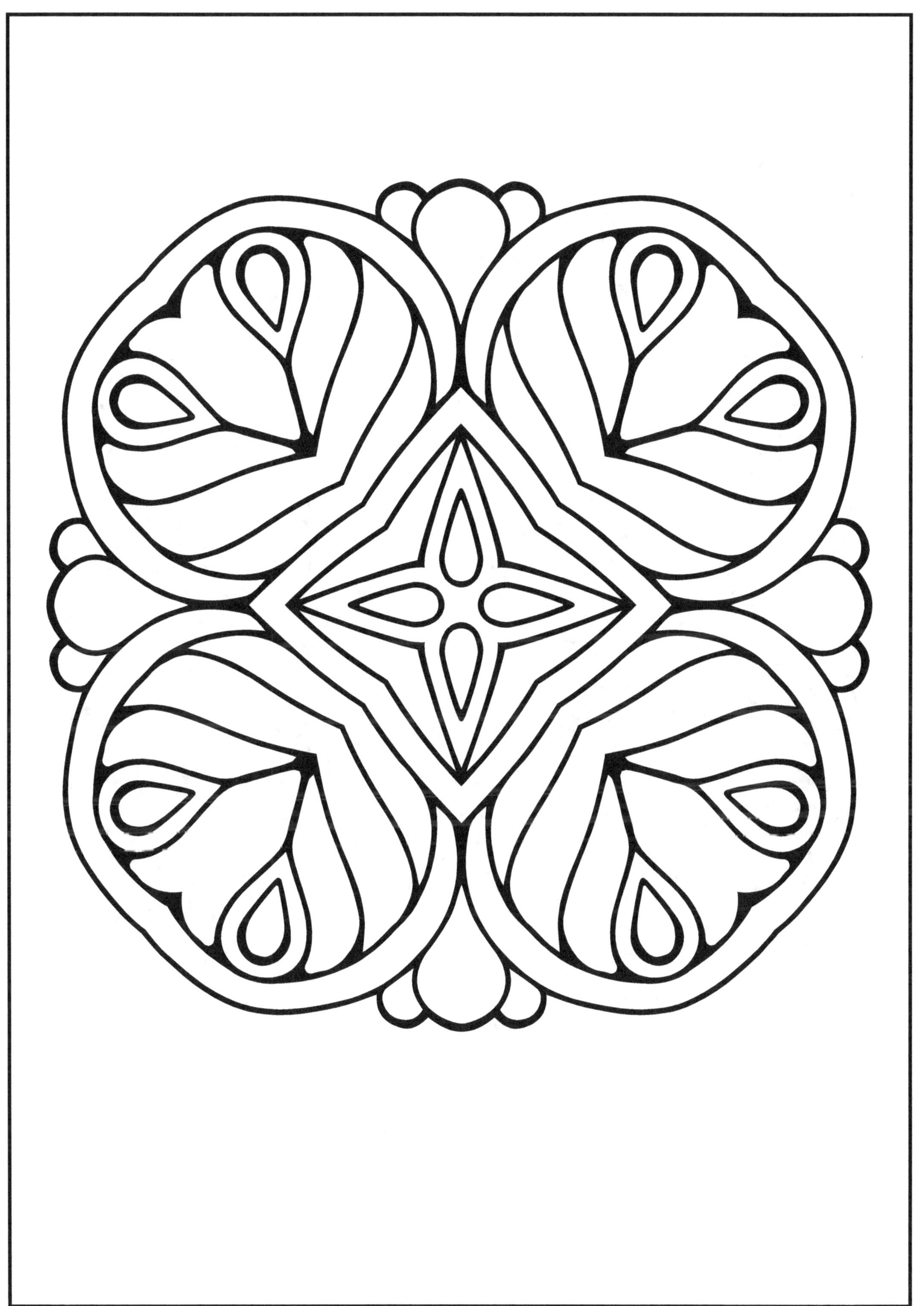

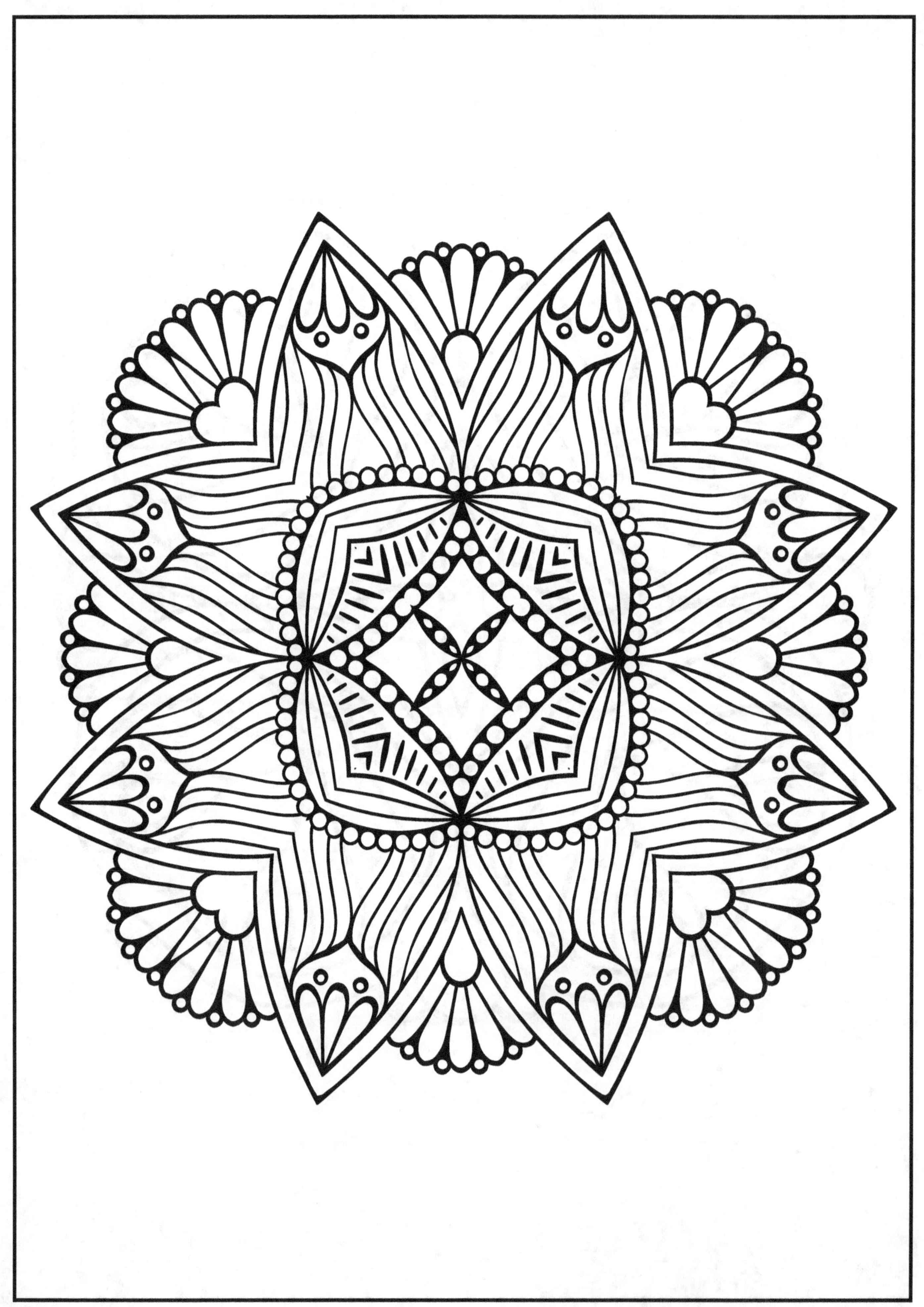